U N
Y N
O R M O D

Er cof am Chef

UN
YN
ORMOD

PROFIADAU UNIGOLION A'U
PERTHYNAS AG ALCOHOL

GOL: ANGHARAD GRIFFITHS

Argraffiad cyntaf: 2020

© Hawlfraint Y Lolfa Cyf. a'r awduron unigol, 2020

Dymuna'r cyhoeddwyr gydnabod cymorth ariannol
Cyngor Llyfrau Cymru

Cynllun y clawr: Swci Delic

Rhif Llyfr Rhyngwladol: 978 1 78461 871 1

Cyhoeddwyd, rhwymwyd ac argraffwyd yng Nghymru gan
Y Lolfa Cyf., Talybont, Ceredigion SY24 5HE
gwefan www.ylolfa.com
e-bost ylolfa@ylolfa.com
ffôn 01970 832 304
ffacs 832 782

CYNNWYS

RHAGAIR 9
FFION DAFIS

CYFLWYNIAD: 13
Y DEIALOG MEWNOL
ANGHARAD GRIFFITHS

DIEITHRYN 25
DERITH RHISIART

SOBRI 37
GUTO RHUN

Y DAITH AT HUNANADNABYDDIAETH 51
WYNFORD ELLIS OWEN

CHWALU TABŴ 69
IOLA YNYR

DIOTA 79
LLOYD JONES

SGRIBLO'N SOBOR 91
OWAIN WILLIAMS

SOBOR: ACT 1-5   95
RHIANNON BOYLE

TA-TA, ALCOHOL!   109
IWAN 'TOPPER' EVANS

NEITH O DDIM DIGWYDD I MI!   119
CAROL HARDY

COCTEL O GYMHLETHDODAU   131
JON GOWER

ALCOFFRENIA   143
NEIL 'MAFFIA' WILLIAMS

TORRI TIR NEWYDD   149
ELIN MEREDYDD

This is the age of addiction,
a condition so epidemic, so all
encompassing and ubiquitous that
unless you are fortunate enough
to be an extreme case, you probably
don't know you have it.

Russell Brand

RHAGAIR

Ffion Dafis

Alla i ddim cyfleu pa mor falch ydw i o gael llyfr yn trafod alcohol yn fy mamiaith.

Dros y blynyddoedd dwi wedi treiddio i mewn i lyfrau amrywiol wrth ymchwilio a gweithio ar fy mherthynas gymhleth i efo alcohol. Dwi wedi darganfod stôr o erthyglau gwerthfawr ac wedi gallu uniaethu â phrofiadau eraill, sydd wedi atgyfnerthu'r ffaith nad oeddwn ar fy mhen fy hun wrth geisio dod o hyd i atebion.

O'r diwedd, dyma griw gwych o Gymry Cymraeg sy'n fodlon rhannu eu storïau am eu perthynas hwy efo'r hylif slei yma. Nid peth hawdd ydi dinoethi pan mae stigma'n dal i fodoli.

Mae alcohol yn rhan greiddiol o'n cymdeithas ni yma yng Nghymru – mae o'n cwmpas ni ym mhob man. Yn wir, mae'n cael ei annog o oedran cynnar iawn, felly tydi hi'n ddim syndod bod cymaint yn mynd yn gaeth. Mae'r profiadau yn y llyfr yma yn ddoniol, yn ddwys, yn dorcalonnus ar brydiau, ond, yn fwy na dim, yn llawn gobaith.

Mae taith pawb yn unigryw, ond mae un peth yn eu clymu – eu gonestrwydd. A dyna allwedd pob dim. Diolch o waelod calon am ysgrifennu am bwnc sydd wedi bod yn llechu yn y cysgodion yn rhy hir yng Nghymru. Mae'n hen bryd cael trafodaeth agored, ac mae'r llyfr yma'n adnodd aeddfed a phwysig.

Lle bynnag ydach chi ar y daith, a beth bynnag ydi eich barn a'ch perthynas efo alcohol, mi fyddwch yn gallu uniaethu efo rhannau o'r ysgrifau yma, ac o'r herwydd mi gewch eich ysbrydoli a'ch addysgu.

Diolch o waelod calon i Angharad am gasglu'r gwaith ac i bob sgwennwr am rannu ei stori.

It is an act of rebellion to remain present.
To go against society's desire for you to
numb yourself, to look away.
But we must not look away.

Florence Welch, cantores
(Florence and the Machine)

CYFLWYNIAD: Y DEIALOG MEWNOL

ANGHARAD GRIFFITHS

Doedd dim *rock bottom*.

Doedd neb arall wedi gofyn i mi stopio yfed.

Doedd dim bygythiad o gymryd y plant oddi wrtha i.

Doedd dim yfed a gyrru.

Doedd dim colli swydd.

Doedd dim dibyniaeth gorfforol.

Ond roedd alcohol yn rheoli fy mywyd.

Roedd gen i ddau lais yn fy mhen: un oedd yn casáu fy hun am yfed cymaint a neud addewidion cyson i stopio yfed, a'r llall oedd yn f'annog i brynu potel o win ar y ffordd adre o'r gwaith. Roedd y Deialog Mewnol yn gyson a'r llais drwg oedd yn ennill bob tro, wrth gwrs. Tan y 30ain o Fedi 2018.

Cyn hynna roedd boreau Sadwrn yn tŷ ni yn mynd fel hyn: fi'n codi, yn dal yn fy nillad i gyd (sgidie hefyd, weithie) ac efo cur pen ofnadwy. Ddim yn cofio mynd i'r gwely. Trio cofio faint 'nes i yfed yn y diwedd (tua dwy botel o win + ychydig o boteli o gwrw fel arfer). Teimlo'n rili dost. Ffaelu credu bo' fi wedi neud hyn eto. Isie marw. Y plant isie i fi ddeffro. Rhoi'r ffôn iddyn nhw am oriau i fi gael trio cysgu'r teimlad afiach yma o 'nghorff. Weithiau byse chŵd wrth fy ochor – yn fy ngwallt, dros y gwely ac ar y llawr.

O'n i'n casáu fy hun am weddill y penwythnos. Roedd y plant yn haeddu gwell. Dyma fy unig ddau ddiwrnod i ffwrdd gyda nhw, a be dwi'n neud? Gwastraffu'r amser yn llwyr. O'n i'n trio troi pethau rownd a dechre neud cynllun newydd: "Penwthnos nesa bydd hi'n wahanol… sai'n yfed dropyn." Erbyn dydd Mercher (gas gen i'r enw Hump Day – ond, unrhyw esgus!) byse'r teimlad afiach wedi tawelu a'r wrach win yn dechre hudo eto. Doedd ond angen gweld llun o lasied o win ar Facebook neu glywed rhywun yn y gwaith yn trafod cael 'gwydred bach heno' ac roedd hynna'n hen ddigon o 'ganiatâd' i mi neud.

Wrth feddwl am yfed gwin pan oeddwn yn sobor, o'n i'n benderfynol o 'yfed yn gymedrol'. Yn y car byse'r llais drwg yn fy arwain i at y gwin gyda chelwyddau noeth: "Ti'n gallu neud hyn, Angharad, jyst cael *un* gwydred – dim ond *un*, mae'n hawdd… Ti'n haeddu fe. Mae pawb arall yn ca'l un."

Ond, a oedd pawb arall yn gyrru i'r gwaith y bore wedyn yn casáu eu hunain â chas perffaith? Teimlo'n fethiant achos bod botel gyfan (a mwy) wedi mynd unwaith eto? Roedd y Deialog Mewnol yn gas ac yn afiach: "Ti'n *mess* llwyr. Ti'n haeddu teimlo fel hyn heddi. Pam ti'n methu rheoli faint ti'n yfed? Pam 'nest ti gario mlaen i yfed mwy nag un gwydred? Pam 'nest ti ddewis meddwi neithwr?" Ac yna roedd yr addewidion lu yn dilyn: "Sai'n yfed byth eto. Go iawn tro 'ma."

Dydd Gwener yn cyrraedd. Pawb yn y gwaith yn trafod yfed a finne'n trio fy ngorau glas i gwffio'r teimlad o 'golli mas' ar hwyl y penwthnos. Teimlo bechod drosof fy hun ond yn llwyddo i gofio sut fydda i fory a 'mod i isie codi'n ffres gyda'r plant. "Dim diod heno. No wê." Ac yna, ar y ffordd adre o'r gwaith, byse *Simon Mayo's Drivetime* ar y radio yn y car gyda phobl yn ffonio i mewn isie chwarae cân a gweud beth o'n nhw'n neud ar eu nos Wener. A dyna'r cyfan o'n i angen i newid y switsh: "Wel, os ydi 'Janet from Leeds' yn agor Prosecco am bump o'r gloch ar bnawn Gwener, dwi am neud." Ond oedd Janet yn debygol o ddeffro yn ei chŵd bore fory? Na, beryg. Ond cyn i mi roi cyfle i'r llais synhwyrol siarad, o'n i yn Londis yn stocio i fyny. "Ffwcio'r busnes dim yfed 'ma – mae'n nos Wener. Mae'n *rhaid* mynd yn *pissed* ar nos Wener!"

Roedd fy mywyd wedi dechre troi i mewn i jôc Peter Kay am y bwffe priodas, ond yn lle 'vol-au-vents, chicken wings and cheesecake' yn cael ei ailadrodd drosodd a throsodd, roedd fy Neialog Mewnol yn mynd mewn cylchoedd o: "Casáu fy hun, byth yn yfed eto" i "W, gwin! Pawb arall yn neud" a 'nôl i "Casáu fy hun, byth yn yfed eto …"

Os oedd meddwl am drio byw heb alcohol yn *boring*, roedd fy mywyd, erbyn hyn, ar gylchfan diflas uffernol gydag alcohol hefyd. Ac o'n i'n methu dod off. O'n i wedi cael fy nghaethiwo gan Sauvignon Blanc.

Hyd yn oed pan o'n i'n trio fy ngorau glas i fod yn dda ac yfed yn gymedrol, roedd alcohol yn dal i ennill y dydd. Weithie fyswn i'n prynu potel fach un gwydred o win. Ond ar ôl ei orffen, o'n i jyst yn cwffio'r awydd i fynd i'r siop i brynu mwy, yn eistedd yna gyda'r Deialog Mewnol yn cwffio'i gilydd: un llais isie i fi fynd i'r siop a'r llall yn mynnu bo' fi'n aros lle ro'n i. Roedd peidio yfed o gwbwl yn fwy o hwyl na hyn!

A dyna pryd 'nes i ddechre deall bod gen i Broblem Alcohol. O'n i erioed wedi gallu yfed yn gymedrol. Roedd ceisio yfed yn gymedrol yn cymryd lot fawr o fy amser meddwl: "Tro nesa, wna i yfed yn gymedrol." Ond doedd y tro nesa byth yn dod. Roedd ysfa i feddwi wastad yn digwydd i mi ar ôl un gwydred, a'r geiniog yn disgyn yn araf bach efallai nad *dewis* meddwi oedd yn digwydd i mi. Beth os… *beth os*… oedd hyn *allan o fy rheolaeth*?

Ond doedd neb arall yn meddwl bo' fi angen stopio yfed. 'Nes i drafod fy nheimladau gyda fy ngŵr a sawl ffrind. Doedd neb yn meddwl 'mod i'n alcoholic – ac felly, os nad wyt ti'n alcoholic, sdim angen i ti rhoi lan yfed, oes e? O'n i'n teimlo mewn rhyw *no man's land* – rhwng dau fyd. Fel Patrick Swayze yn *Ghost*, o'n i ddim yn yfwr normal nac yn alcoholic chwaith, ond yn teimlo mewn cawell ac yn methu dianc oddi wrth y deialog. Y blydi Deialog Mewnol yma.

O'n i wedi cyrraedd y pwynt lle o'n i *isie* bod yn waeth (ac wedi ystyried dechre yfed bob dydd) er mwyn cyfiawnhau cael help! O'n i MOYN *rock bottom*.

O'n i wedi dechre mynd i drin pob sesh fel y Sesh Olaf – ac o'n i'n mynd dros ben llestri go iawn! Roedd rhai o'r seshys yma'n eitha ysblennydd! Ac roedd lot o chŵd a phrin unrhyw gof o ddim byd y bore wedyn. O'n i'n cael teimlad o ryddhad am fymryn o wbod mai "neithiwr oedd y sesh olaf". Ond, rywsut neu'i gilydd, o'n i'n mynd 'nôl i yfed bob tro ar ôl cwpwl o wythnosau! Y deialog yn dychwelyd.

Erbyn y misoedd olaf yna i mi yfed, roedd y Deialog Mewnol yn fwy cas nag erioed. Os nad oedd yr yfed yn stopio, doedd dim pwynt i mi fod yma ddim mwy. Roedd y plant a'r gŵr yn haeddu gwell. Nid y *mess* yma. Roedd meddyliau tywyll yn pydru fy mhen ac o'n i wedi dechrau meddwl am ffordd arall allan. Roedd yr yfed yn fy nghael i lawr, ond roedd y ddau lais yn fy mhen yn waeth hyd yn oed na hynny. O'n i'n teimlo 'mod i'n mynd yn wallgo – ac roedd hynna'n codi ofn arna i'n fwy na dim byd.

Ac yna un bore, wrth ddeffro gyda *hangover* arall a chŵd yn bob man, nath ysfa i fyw gicio i mewn. Do'n i ddim isie lladd fy hun go iawn. Ond o'n i'n dechrau deall bod yn RHAID i un o'r seshys yma fod y Sesh Olaf go iawn neu fyddwn i ddim yn gweld fy mhlant yn tyfu i fyny. Ac yn waeth na hynny, falle mai un ohonyn nhw fyse'n ffeindio fi ar waelod y grisiau neu'n gorff wedi tagu ar fy chŵd yn fy nghwsg. Roedd hi'n amser i hyn stopio.

A dyna wnes i – alla i ond disgrifio fe fel *survival mode* yn cymryd drosodd. 'Nes i osod dyddiad oedd fis i ffwrdd ac yn yr amser yna darllenais lwythi o lyfrau *quit lit*, gwrando ar bodlediadau am stopio yfed, curadu fy Instagram fel mai pobl sobor o'n i'n ei weld ran fwyaf (nid y bobl oedd yn tynnu llun gwydred gyda'r geirie Wine o'Clock) a 'nes i hyd yn oed stopio gwrando ar *Simon Mayo's Drivetime* ar bnawn Gwener! O'n i o ddifri am stopio yfed a doedd 'Janet from Leeds' ddim am stopio fi tro 'ma! Y dyddiad 'nes i osod oedd y 30ain o Fedi 2018 – a sdim dropyn wedi pasio fy ngwefusau ers hynny.

Un o'r prif bethau i mi ei daclo oedd y Deialog Mewnol, a diolch i'r llyfr *The Unexpected Joy of Being Sober* gan Catherine Gray, mi ddes i o hyd i ffordd o neud hyn – rhoi cymeriad i'r llais drwg. Dewis Catherine oedd Voldemort o *Harry Potter*. 'Nes i ddewis Nigel Farage – gan mai fe yw'r meistr am hudo pobl i wneud penderfyniadau gwirion!

'Nes i hyfforddi fy mrên i ddeall 'mod i ddim yn colli

mas wrth glywed am ffrindiau yn yfed. 'Nes i dderbyn bod e jyst ddim i fi rhagor. Er mwyn i fi oroesi gweddill fy mywyd yn berson hapus, roedd yn rhaid tynnu alcohol allan o'r mics. Dydi pawb ddim 'run fath – ac ma hynna'n ocê. 'Nes i stopio teimlo cenfigen wrth weld pobl eraill yn meddwi. O'n i'n gwbod mai byr-dymor oedd y *buzz* cynnes yna i fi bob tro. O'n i'n deall nawr doedd y gallu i stopio yfed ar y pwynt braf yna ddim gen i; o'n i isie mwy, mwy, mwy, bob tro tan fod popeth yn angof.

Wrth i fy misoedd sobor fynd ymlaen, dechreuais ddod i nabod fy hun yn well. Dwi'n *introvert* sy ddim yn licio siarad gyda gormod o bobl ar unwaith. Mae'n llawer gwell gen i ginio bach tawel gyda cwpwl o ffrindiau na mynd i barti mawr. A dwi'n dal i drio dod i arfer mwynhau cwmni fy hun, achos, yn y bôn, o'n i'n yfed i ddianc oddi wrtha i fy hun.

Mae peidio yfed yn gorfodi rhywun i neud lot o dyrchu mewnol a thynnu'r haenau o crap oddi ar Nionyn Bywyd! Dwi wedi trio dianc oddi wrtha i fy hun erioed. Pan 'nes i ddechre'r ysgol uwchradd roedd gen i gywilydd enfawr o fy nghorff. O'n i'n casáu'r ffaith fod gen i goesau byr, *chunky*. A dyma fi'n darllen erthygl am fwlimia yn *Just Seventeen* a meddwl, "Wel, am syniad gwych!" – ac o fewn ychydig fisoedd, roedd gen i broblem bwyta. 'Nes i orfwyta a chwydu yn gyson am ddegawd (a dwi'n dal i fyw gyda hyn ar rai dyddie hyd at heddiw). Y Deialog Mewnol. Isie byta,

byta, byta, ac annog i mi neud achos "Mae'n ocê, fedri di neud dy hun yn sic wedyn" – a'r llais synhwyrol yn trio fy annog i beidio neud hyn. Ond mi o'n i'n cael dianc o'r patrwm bwyta dinistriol bob hyn a hyn gyda help rhywbeth 'nes i ddarganfod yn 15 oed. Iep, cywir. Alcohol.

Roedd e fel nefoedd: medru dianc o'r holl feddyliau a theimladau o gasineb a diffyg hyder. Ond twyll oedd hyn wrth gwrs. Mi nath alcohol, i mi, arwain at flynyddoedd o siom, cywilydd a difaru. A bod yn deg, dwi hefyd wedi cael andros o hwyl ac wedi cwrdd â ffrindiau oes mewn partis gwyllt, diolch i alcohol! Ond o edrych 'nôl – fel dwi'n dueddol o'i neud lot ar hyn o bryd – roedd e'n eitha amlwg o'r cychwyn bod pethe ddim yn mynd i weithio mas rhwng alcohol a fi. Dwi'n meddwl, rywle yn ddwfn yndda i, 'mod i'n *gwbod* bod gen i'r gallu i fynd â hyn yn rhy bell.

Dwi'n ystyried fy hun yn lwcus nawr. Mae un o fy hoff awduron *quit lit*, Laura McKowen, yn defnyddio teitl ei llyfr *We Are the Luckiest* fel *tagline*. A dyna dwi'n ei deimlo bob dydd – mor ffodus 'mod i wedi sylweddoli hyn CYN bwrw *rock bottom*. Cyn i neb arall gael niwed.

Erbyn heddi, ddeunaw mis yn sobor, dwi'n angerddol am helpu pobl eraill sy'n teimlo'n anobeithiol am eu patrwm yfed. Yn arbennig y bobl fel fi oedd rywle yn y canol – ddim cweit yn alcoholic, ond yn bell o fod yn yfwr cymedrol. A dyna pam 'nes i neidio at y cyfle i gael golygu'r gyfrol hynod bwysig yma. Mae pob awdur wedi bod yn onest iawn am eu perthynas gymhleth ag alcohol – ac rwy'n diolch i bob un ohonynt am gytuno i fod yn rhan o'r llyfr yma.

Dydi bod yn gaeth i alcohol ddim yn rhywbeth du a gwyn. Y cwestiwn sydd angen ei ofyn ydi: nid ydi faint dwi'n ei yfed yn ormod, ond ydi faint dwi'n ei yfed yn fy neud i'n anhapus.

Mae'n bwysig i ni barhau'r deialog am alcohol yn gyhoeddus. Mi nath alcoholiaeth ddwyn fy nghefnder a'm ffrind Gareth 'Chef' Williams yn 39 oed – ac mae'r gyfrol yma er cof amdano fe. Y mwya o straeon sobri sydd mas yna, mae'n rhoi gobaith i'r bobl sydd yn dal i ddiodde – a gobeithio, un dydd, y bydd mwy o bobl yn agor y gawell ac yn dianc o grafangau alcohol.

Angharad Griffiths

You are human. Not an addict, or an alcoholic,
or any of the worst things you've ever done.
Addiction is just an experience, one of many that
can shape a life. It's not unique. It's not a flaw.
It's not even that interesting. It's a natural
human instinct – to soothe, to connect,
to experience ourselves differently – gone awry.

Laura McKowen, awdur

DIEITHRYN

Derith Rhisiart

Hen deimlad od ydi teimlo'n od, ond ddim yn siŵr pam: ddim yn gyfforddus yn eich croen eich hun, ddim hyd yn oed deall pwy ydych chi go iawn. Roeddwn i wastad yn teimlo mai fi oedd yr unig un oedd yn teimlo fel yna, ac wrth edrych yn ôl mae pethau yn gwneud llawer mwy o synnwyr erbyn hyn.

Dechreuodd hyn, wrth i mi feddwl, flynyddoedd yn ôl, pan oeddwn yn blentyn. Symudon ni fel teulu i ardal wledig, Gymreig, pan oeddwn i'n ddim ond pum mlwydd oed – doeddwn i ddim yn perthyn i neb heblaw fy rhieni. Am gyfnod byr, dwi'n cofio Dad yn fy ngadael yn yr ysgol yn gynnar bob bore, a finne'r unig blentyn yno am ychydig oriau, yn aros efo'r gofalwr nes i'r plant eraill gyrraedd. Dyna'r flwyddyn pan benderfynon nhw arbrofi gyda pheidio troi'r clociau yn ôl ac roedd hi'n dywyll tan tua naw y bore. Wnaeth hynny ddim helpu chwaith i mi deimlo 'mod i'n perthyn, a ddim ar y cyrion.

Roedd y pentref yn un bach a doedd dim llawer o ferched eraill yr un oed â mi i chwarae efo nhw; felly, roedd 'na reidrwydd arna i i ddiddanu fy hun, nes i frawd bach gyrraedd. Ond roedd o bum mlynedd yn iau na fi ac felly'n fwy o hindrans nag o help. I ddechrau roeddwn i'n ddigon hapus ar ben fy hun; roedd gen i ddychymyg byw a thad oedd yn hoff o adrodd straeon cyffrous. Roeddwn i hefyd yn ddarllenwr brwd, yn Gymraeg a Saesneg – ffordd hawdd a difyr o ddiflannu o hymdrym plentyndod. Roeddwn i'n blentyn bach *intense*, wastad yn gorfeddwl, yn poeni am bopeth, ofn popeth; wrth edrych yn ôl, plentyn bach niwrotig oedd yn dyheu am fod wedi tyfu i fyny.

Roedd 'na arwyddion obsesiynol yn codi'u pen bob hyn a hyn drwy fy mhlentyndod: os o'n i'n cael blas ar rywbeth, mi faswn i wastad isio mwy, a dim llawer o hunanreolaeth yn perthyn i mi.

Doedd pethau, ar y cyfan, ddim yn mynd yn haws wrth dyfu i fyny. Roedd pethau'n newid o fy nghwmpas, a dim byd fel petai'n gwneud synnwyr. Dechreuais ddatblygu ofn mawr o'r tywyllwch, ofn mynd i'r ysgol – roedd pryder yn gydymaith aml. Roedd gen i ffrindiau, a'r rheiny'n rhai triw a chefnogol, ond allwn i ddim trafod fy nheimladau efo neb. A dweud y gwir, doeddwn i ddim mor ymwybodol ohonyn nhw, neu hwyrach ddim yn deall mai teimladau oedden nhw.

Erbyn fy arddegau roedd pethau wedi dirywio'n feddyliol, roedd ofn y tywyllwch a'r nosweithiau yn llethol. Roedd newidiadau aeddfedu yn creu pryder a chymysgwch emosiynol. Doeddwn i ddim yn hoffi unrhyw newid, beth bynnag, ac yn ffeindio addasu yn anodd a phryderus.

Roedd fy arddegau yn gyfnod hapus a thrist; cymdeithasol ac unig; hyderus a dihyder; anturus ac ofnus; trobwll o emosiynau, fel y rhan fwyaf o arddegwyr. Wnes i ddim mwynhau'r cyfnod yma; roeddwn i wastad yn crefu am fod yn oedolyn, eisiau tyfu i fyny, eisiau gadael cartref a chael teulu fy hun.

Ond yng nghanol y cyfnod cythryblus yma daeth haul ar fryn, canfyddais *miracle cure* oedd yn gwneud i bob poen meddwl ddiflannu i ebargofiant, a rhyw deimlad hwyliog yn dod drosta i, a fy hunanhyder yn ymchwyddo. Popeth, i bob pwrpas, yn edrych yn llawer mwy disglair ac yn llawer mwy o hwyl. A beth oedd enw'r sylwedd hudolus? Alcohol!

Dros y blynyddoedd nesa roedd hi'n ymddangos fod pethau'n mynd yn well – roeddwn i'n meddwl 'mod i'n iawn gan fy mod yn cael lot o hwyl. Roedd meddwi yn rhan annatod o fywyd coleg; wel, dyna oeddwn i'n ei feddwl ar y pryd. Doedd alcohol a finne ddim go iawn yn ffrindiau, er 'mod i'n meddwl ein bod ni. Y broblem oedd 'mod i'n hoffi ei flas yn ofnadwy ac yn sicr yn hoffi'r effaith, ond roedd 'na broblem fach wedi codi – doeddwn i ddim yn cofio unrhyw beth ar ôl bod allan. Roeddwn i'n meddwl fod hynny'n reit normal; roedd hi'n jôc ymysg ffrindie ac mi roeddwn i'n gymeriad gwyllt, wastad yn gwneud popeth i'r eithaf – rhyw *all or nothing* teip o berson. Roeddwn i'n gallu dal fy nghwrw yn well nag unrhyw foi – on'd o'n i'n glyfar!

Yn ystod y flwyddyn gyntaf yn y coleg 'nes i yfed a bwyta cymaint nes i mi roi dwy stôn o bwysau ymlaen. Roeddwn i'n sownd mewn perthynas annifyr efo dau beth ro'n i'n eu caru: bwyd ac alcohol. Y broblem fwya ydi sgen i ddim rheolaeth: os dwi'n cael blas ar rwbeth, dyna ni, alla i ddim stopio. Mae un yn ormod, ond dydi deg ddim yn ddigon. Dwi'n cofio pan ges i fy nghyflog cynta (yn dair ar ddeg oed) ar ôl gwarchod dau blentyn yn y pentre. Gan fod sudd oren yn ddrud pan oeddwn i'n fach, roedd Mam wastad yn mesur yr oren a finne wastad eisiau mwy. Am gyfnod hefyd roedd Dad yn mynd am ddiod i'r dafarn leol ar nos Sadwrn ac mi fyddai'n dod 'nôl efo potel o Britvic Orange a phaced o greision halen a finegr Golden Wonder. Byddwn i'n llowcio'r oren a'r creision ond wedyn yn treulio oriau yn crefu am fwy. Beth wnes i efo'r cyflog cynta? Mynd i'r siop fach leol a phrynu carton anferth o sudd oren a'i yfed o i gyd, yn slei bach, y tu ôl i ddrysau caeedig!

Roedd fy mywyd yn gyfres o obsesiynau, a finne'n trio 'ngorau i gogio nad oeddwn i'n brwydro yn erbyn dim. Doedd pethau ddim yn hawdd – roeddwn i'n trio bod fel pawb arall ond yn teimlo'n wahanol bob tro.

Wedi gadael coleg mi ges i swydd yn weddol sydyn.

O, am gyffrous! Swydd lle roedd pawb yn yfed, esgus arall i gario mlaen i fwynhau! Wnaeth y parti ddim gorffen, yn fy mhen i, beth bynnag. Roeddwn i rŵan yn y ddinas fawr, yn gweithio ac yn chwarae'n galed, ond roedd fy mywyd yn wag, yn unig a dibwrpas. Roeddwn i'n crefu am setlo i lawr ond yn meddwl bod cael unrhyw bartner yn sialens. Doedd fy hunanhyder a fy hunanwerth ddim yn grêt chwaith, a dweud y lleiaf.

Roedd y blacowts yn dal i barhau – ond cofiwch, doeddwn i ddim yn ystyried am un eiliad fod 'na broblem. Roeddwn i wastad yn trio tactics newydd er mwyn gallu cofio mynd adre: dim yfed gwin, dim ond yfed cwrw; yfed dŵr cyn mynd allan; bwyta ac yfed yn hwyrach. Gofynnodd rhywun i mi unwaith: "Am berson sydd mor daclus a phopeth dan reolaeth, sut wyt ti'n meddwi cymaint?" Fy ateb i oedd: "Achos bo' fi'n gallu."

Dreulies i'r rhan fwyaf o fy ugeiniau yn disgwyl babis. Am ryw reswm roeddwn i'n casáu oglau a blas alcohol pan oeddwn i'n disgwyl y plant. Ac fe bwysleisiodd hyn nad oedd gen i broblem; doeddwn i ddim angen llawer o berswâd, a deud y gwir. Fe aeth fy ugeiniau yn weddol ddistŵr. Roeddwn i'n brysur yn gweithio, yn newid clytiau, a gofalu ar ôl y plant. Doedd dim llawer o amser i fwydro am bethau, ac roedd rhyw deimlad ffals fod popeth yn iawn, wedi'i gladdu yn ddwfn y tu fewn.

Parhaodd y gorfeddwl – meddwl 'mod i wedi pechu

hwn neu'r llall; meddwl nad oedd neb yn fy licio; mynd allan o'n ffordd i wneud pethau i eraill a theimlo'n annifyr wedyn os oedden nhw yn fy nghymryd yn ganiataol. Cylch dieflig. Dyma oedd y teimladau oedd yn troi yn fy mhen ac roedd alcohol yn rhoi ysbaid i mi o'r meddyliau yma, yn gwneud i mi deimlo'n normal – beth bynnag oedd hynny. Ond y diwrnod canlynol fe fyddwn i'n teimlo'n llawn cywilydd ac euogrwydd. A'r ateb i hynny oedd cael glasiad bach o win ar ddiwedd diwrnod, er mwyn ymlacio.

Yn araf bach, a'r plant yn tyfu, dechreuodd y bwgan godi'i ben eto, er nad oedd wedi bod yn bell i ffwrdd o'r sin erioed. Hen gysgod yn hofran, byth yn bell. Erbyn fy nhridegau roedd hi'n amlwg fod fy 'ffrind' wedi troi arna i; roedd hi erbyn hyn yn ffrind treisgar, yn fy atgoffa na allwn i fyw hebddi, rhyw ddewis Hobson – cario mlaen, gan nad oedd stopio yn opsiwn.

Ers pan oeddwn i'n blentyn roeddwn i'n wahanol i bawb arall – yn meddwl yn wahanol, yn gwneud pethau'n wahanol. Doeddwn i ddim yn cysgu'n hwyr fel arddegwyr eraill, doeddwn i ddim yn dda am ganolbwyntio os nad o'n i'n licio rhywbeth. Ond erbyn fy nhridegau roedd y gwir yn dechrau treiddio drwodd – doedd dim cuddio rhag y diafol. Bob tro y byddwn i'n cael blas ar ddiod, roedd yn rhaid cael mwy; allwn i ddim cael un a'i gadael hi wedyn. Mi fyddwn i'n trio bod yn yfwr posh – cael caws a bisgedi efo fy ngwin, neu lasiad neu bedwar o Port. Dim bwys beth o'n i'n ei yfed, yr un oedd y stad erbyn y diwedd. Dydi mamau ddim i fod i gael problem yfed. Dydi merched Cymreig ddim i fod i yfed. Roedd y pwysau yma i gyd yn sicrhau bod fy mhroblem yn parhau; roedd arna i gymaint o ofn ac roeddwn eisiau i bopeth fod yn normal eto.

Ond roedd derbyn fod yna broblem yn golygu bod yn rhaid gwneud rhywbeth am hynny, a'r unig ateb oedd stopio yfed. Ond doedd hynny ddim yn un hawdd i'w weithredu. Mae bywyd cymdeithasol y rhan fwyaf o unigolion yn troi o gwmpas yfed. Dwi'n cofio rhywun yn dweud, "It's not how often you drink or how much you drink, it's what it does to you."

Ffrind gorau, gelyn pennaf. Doedd dim yn well na glasiad o win i ymlacio ar ddiwedd dydd. Roedd gwin yn help os oedd y diwrnod wedi bod yn llawn stres neu'n llawn hapusrwydd; a dweud y gwir, doedd dim angen llawer o esgus. Roeddwn i hefyd mewn perthynas nad oedd yn gweithio – yr unig beth oedd ganddon ni yn gyffredin oedd yfed. Roedd y platiau y bûm yn eu troelli am flynyddoedd yn disgyn i bob cyfeiriad. Roedd popeth wedi dod i ben.

Ar ôl pendroni, ymladd yn feddyliol, gwrthod derbyn, wedyn derbyn, roedd fy mhen yn troi, ac roedd yn rhaid gwneud rhywbeth neu golli popeth. Mae'n swnio'n hurt: faint o drafferth oedd hi i dderbyn y ffaith fod ymddygiad yn negatif a dinistriol? Roedd cydnabod hyn yn beth poenus: roeddwn i'n llawn euogrwydd ac yn *embarrassed* iawn. Beth fyddai pobl yn ei ddweud? Does dim yn well na *gossip* am rywun. Y broblem oedd mai fi oedd yr olaf i weld hyn.

Wedi wythnosau o gicio yn erbyn y tresi, daeth moment glir un bore. Dwi ddim yn siŵr o ble, ond mi godais a meddwl, "Dyna ddigon, alla i ddim gwneud hyn ddim mwy." Dwi ddim wedi yfed dropyn o alcohol ers y diwrnod hwnnw, dros 17 mlynedd yn ôl. Am newid bywyd – roedd yr ofnau oedd gen i cynt yn anhygoel: fydd gen i ddim bywyd, fydd gen i ddim ffrindiau, ond y gwir oedd mai ffantasi oedd hynny i gyd. Doedd y partis ddim yn bodoli, doedd dim hwyl a sbri. Dreuliais i'r rhan fwyaf o 'mywyd yn trio bod yn yfwr soffistigedig, yn gweld delweddau o fy hun yn sefyll ar falconi mewn parti coctel yn edrych yn neis, ffrog sbarcli ac yn sipian coctel yn araf.

Dyma oedd fy hanes erioed – wastad wedi trio bod yn rhywun nad o'n i; be dwi'n feddwl wrth hynny ydi doeddwn i ddim yn siŵr iawn pwy oeddwn i, doedd gen i ddim hunaniaeth. Fel *chameleon*, ac wastad yn trio efelychu rhywun arall.

Peidio yfed ydi'r peth gorau dwi wedi llwyddo i'w wneud, er bod rhoi genedigaeth i 'mhlant yn dod yn agos. Pan stopiais i yfed, roeddwn i hefyd erbyn hynny yn fam sengl, yn ddi-waith a di-bres – ond, am gyfnod cyffrous! Fe ddechreuais ailhyfforddi; roeddwn i wir yn gallu bod yr hyn oeddwn i eisiau bod, heb rwystrau. Dwi rŵan yn therapydd ac yn dilyn cwrs ysgoloriaeth PhD mewn Seicoleg Iechyd.

Roedd cysgod alcohol wedi bod yno ers i mi ddechrau yfed a dwi rŵan wedi bod yn sobor bron mor hir ag oeddwn i'n yfed – cyfnod poenus ond tu hwnt o werth chweil yr un pryd. Brwydrais i geisio bod yn yfwr call, ond yn y diwedd sylweddolais nad oeddwn i'n gallu ac mai'r ffordd orau ymlaen oedd derbyn hynny a dewis canolbwyntio ar wella a bod yno 100 % i fy mhlant.

Yn ddiweddar, ges i ddiagnosis o ddyslecsia a dyspracsia, sy'n egluro i ryw raddau y teimlad o fod yn wahanol, ac mi roedd hi'n braf gwybod bod 'na ryw reswm pam fy mod i fel roeddwn i.

Mae fy mywyd wedi bod yn daith anhygoel o ffeindio'n union pwy ydw i, ac er fy mod wedi dysgu llawer, fydd y daith byth ar ben. Wnes i erioed ddatblygu'n emosiynol drwy hapusrwydd, dim ond drwy boen, ond mae pob cam dwi wedi'i gymryd wedi dod â fi yma – i'r fersiwn gorau eto o fi fy hun, yn bell o fod yn berffaith. Ond mae fy enaid rŵan yn dawel (y rhan fwyaf o'r amser) a dwi'n gweld pwrpas i fywyd.

My main focus in sobriety
has been to replace
fear with faith or love.

Steve-O, actor a chomedïwr

SOBRI

Guto Rhun

Dyna lle ro'n i, yn cerdded i lawr stryd brysur yn Barcelona gyda staen i lawr fy nghrys a darn o wydr yn fy nhroed. Tri o'r gloch y prynhawn. Straffaglu i mewn i dderbynfa'r gwesty lle roedd fy mhethau wedi cael eu pacio gan lanhawraig – roedd *checkout* wedi hen fynd heibio. Mi oedd fy nghorff a'm hymennydd yn cau i lawr. Mi oeddwn mewn *survival mode*, a'r unig beth o'n i'n gallu canolbwyntio arno oedd cyrraedd y maes awyr, hedfan 'nôl i Gaerdydd a mynd i 'ngwely. A dyna sut orffennodd y *bender* olaf.

Y dyddiad oedd y 9fed o Fai, 2017. Y foment ddaru fi hitio'r gwaelod. Ar ôl cwpwl o ddiwrnodau fel sombi yn y gwaith, mi gerddais allan o'r swyddfa i'r maes parcio, sefyll y tu ôl i gerbyd mawr a thorri i lawr, y crio 'na sy'n dod o ddyfnderoedd dy fol lle mae popeth i'w weld yn ddu. Mi oeddwn i angen help. O edrych 'nôl, o'n i'n gwybod bo' fi angen help fisoedd ynghynt ond fel llawer un o fy mlaen i, fi oedd yn gwybod orau, fi oedd yn meddwl mai dim ond yng Nghaerdydd oedd fy mhroblem. Os byswn i ddim yn yfed yng Nghaerdydd, mi fyddai'r broblem dan reolaeth.

Dwi'n berson sy'n hoff o ddianc. Pan mae popeth yn mynd yn ormod, mae genna i duedd i ddiflannu. Mi fyddai cwpwl o ddiwrnodau yn Sbaen yn rhoi amser a phersbectif arall i mi. Dyna'r penderfyniad mwyaf twp i fi ei neud erioed. Ond ar y llaw arall, dyna oedd y penderfyniad a achubodd fy mywyd.

Wrth dyfu i fyny yng nghefn gwlad y canolbarth dwi'n credu ei fod o wedi cael ei losgi i fewn i ni bod mynd allan ac yfed yn rhan o'n diwylliant, ac mae hyn yn ddigon gwir. Bron bob penwythnos o'n i mewn tafarndai anghysbell yn necio dybl fodcas *neat* ac yn meddwl bod hyn yn grêt. A wna i ddim gwadu, mi 'nes i gael amser grêt gyda'n ffrindiau yn y dawnsfeydd sgubor a defnyddio *fake ID* i fynd i fewn i glwb Pier Pressure yn Aberystwyth. Os o'n i ddim allan yn yfed ar nos Sadwrn, doedd o ddim yn benwythnos gwerth chweil.

Ffordd o ymdopi oedd alcohol i fi wrth dyfu i fyny. Mi oeddwn yn darganfod pwy o'n i o ran fy rhywioldeb. Doeddwn i ddim 'run fath â phawb arall yn fy nosbarth. Fi oedd y clown. Fi oedd isio bod yn *centre of attention*. Mi oeddwn i'n defnyddio fy rhywioldeb fel cymeriad. Does dim llawer o bobl cefn gwlad yn gallu dweud eu bod nhw wedi dod allan cyn troi'n 14 oed.

Fedra i ddim deud 'mod i'n difaru gwneud hynny mor gynnar, ond dwi yn ystyried weithie oedd hyn yn ddoeth. Dwi'n credu 'mod i'n chwarae'r stereoteip o be o'n i'n feddwl oedd person hoyw, be fyddai pobl yr ardal yn fodlon ei dderbyn. Mi glywais pobl yn dweud sawl gwaith ym mlynyddoedd fy llencyndod, "Dwi ddim yn cytuno gyda phobl hoyw, ond rwyt ti'n iawn – 'den ni'n dy nabod di. Ti ddim fel y lleill."

Mi o'n i'n defnyddio alcohol i ddelio gyda dynion yr ardal yn snigro arna i pan o'n i'n cerdded i fewn i'r pyb. Mi o'n i'n yfed i allu bod y *gay best friend* roedd y merched i gyd isio. Mi o'n i'n yfed i gael yr hyder i fod yn pwy o'n i'n meddwl o'n i isio bod. Mewn gwirionedd, doedd genna i ddim cliw pwy o'n i fel person. Flynyddoedd wedyn, pan ddoth yr amser pan oedd yfed ddim yn opsiwn bellach, y panig mwya o'n i'n ei wynebu oedd: pwy ddiawl ydw i? O'n i'n nabod y cymeriad ro'n i wedi'i berffeithio dros y blynyddoedd yn iawn. Ond doedd genna i ddim syniad pwy oedd y person. Be o'n i? Dyna'r peth mwya ofnus am fod yn sobor. Does dim byd i guddio tu ôl iddo. Mi wyt ti allan yna, yn fregus, ond yn ara deg, ti'n ailadeiladu dy fywyd a ti'n dod i nabod y person sydd wastad wedi bod yna, ond weithie'n cuddio tu ôl i'r *smoke and mirrors*.

Fel llawer o bobl eraill oedd ddim yn siŵr be i neud efo'u bywydau, mi es i Goleg y Drindod yng Nghaerfyrddin i astudio pob dim, *jazz hands*. Mae'r tair blynedd yn plethu i fewn i un *hangover* enfawr. Mi o'n i'n mynd â phopeth i'r eithaf, yn gwthio ffiniau faint o'n i'n gallu ei yfed, pa sgandal fyswn i'n gallu ei chreu, sut fedrwn i droi'r noson yn sioe, gyda fi'n serennu yn y canol. O edrych 'nôl, yn sicr mi oedd dechrau fy mhroblem i'w gweld yn glir; ond yng nghanol banter coleg mae problem yfed yn gallu cael ei chuddio gan dy ffrindiau'n dy alw di'n 'lejend' am yfed tri can o Strongbow a photel o win cyn brecwast ar fore'r Steddfod Ryng-gol.

Ar ôl gorffen yn y coleg, mi ddoth y gwahoddiad i symud lawr i Gaerdydd i gyflwyno ar orsaf radio genedlaethol y wlad. I'r rhan fwyaf o bobl, dylai hwn fod wedi bod yn amser cyffrous, llawn posibiliadau. Ond i fi, dyma pryd ddaru popeth fynd o'i le. Mewn dinas am y tro cyntaf, gyda rhyw synnwyr ffals o hunanbwysigrwydd, mi oeddwn i'n greadur y nos, allan o hyd yn Pulse, Wow, Eagle… Y tro cyntaf i mi fod yn rhan o unrhyw sin, ac mewn gwirionedd y tro cyntaf i fi fod mewn clwb hoyw. Mi o'n i yn y bariau a'r clybiau bron bob nos, yn dal i ymddwyn fel bo' fi yn y coleg. Doedd genna i ddim llawer o gyfrifoldebau, dim ond troi i fyny ar amser a siarad i fewn i feicroffon. Mi o'n i'n ennill lot o bres am ychydig iawn o waith. Yr adeg yma cefais wahoddiad i gyflwyno ar brif lwyfan Tafwyl. Dim ond trwy edrych ar luniau dwi'n gallu cofio fy mod wedi bod yno o gwbl. Mi o'n i'n dal i glingio mlaen i'r ffaith bod hyn yn ddoniol – fedra i gael *getaway* efo hyn achos bo' fi'n gallu bod yn *charming* a siarad fy hun allan o dwll. Cywilydd.

Wrth gofio fy mod i'n berson sy'n pwsio pethau i'r eithaf,

cyn hir ddoth hi'n fater o lein fan hyn, lein fan draw. Ers pan o'n i'n ifanc, mi o'n i'n meddwl bod gwneud cyffuriau mewn toilet clwb nos yn *glamorous*. Mi oedd y partis yn grêt, y storis o'n i'n medru eu deud y diwrnod wedyn hyd yn oed yn well. Ond yn ara deg mi oedd fy mywyd yn dymchwel, ddim digon i neb sylwi i gychwyn. Diflannu fan hyn i fynd i gwrdd â'r *dealer* a rhyw deimlad o banig os o'n i'n methu cael gafael ar unrhyw beth. Tynnu cash allan. Tsiecio ffôn. Yr hyn sydd fwyaf hurt ydi bod hi'n haws ordro gwerth £150 o gyffuriau nag ydi hi i ordro pitsa mewn dinas. Mi oedd y paranoia yn ofnadwy. Meddwl bod yr heddlu am fy arestio rownd pob cornel. Fel maen nhw'n dweud mewn cyfarfodydd, mae un yn ormod a mil ddim yn ddigon. *Functioning addict.* Dyna o'n i, neu dyna ydw i, dylwn i ddeud

Yn raddol, mi o'n i'n slipio mwy a mwy i afael dibyniaeth. Byddai nosweithiau'n mynd heibio, a minnau'n gorwedd yn fy ngwely yn snortio lein ar ôl lein. Hollol ar ben fy hun, do'n i ddim eisiau rhannu. Mewn gorsaf drenau ar gyrion Caerdydd ar ôl bod mewn tŷ dieithr yn partïo, o'n i hyd yn oed yn methu sefyll. Un ar ddeg y bore oedd hi ac mi o'n i'n gorwedd ar balmant yr orsaf. Ac yna, cwpwl o oriau wedyn mewn siop fwyd, dwi'n cofio estyn am botel o laeth, a'r peth nesaf dwi'n deffro mewn ambiwlans. Mi oedd yn rhaid i'r ambiwlans fynd â fi i dŷ fy chwaer, ac roedd ganddi bobl draw am swper. A dyna'r tro cyntaf i fi ofyn am help. Doedd dim dwywaith amdani, mi o'n i'n diodde o salwch dibyniaeth.

Mae'r euogrwydd sy'n dod o roi dy deulu a dy ffrindiau drwy ddibyniaeth yn rhywbeth dwi'n ei gario efo fi hyd heddiw. Ac yn rhywbeth fydd byth yn diflannu. I bawb sydd erioed wedi cael ei effeithio gan fy salwch, dwi'n ymddiheuro. Dwi wedi gwneud a deud pethau anfaddeuol dros y blynyddoedd, ac o waelod calon dwi'n sori. Dwi'n sori am siomi Mam a Dad. Dwi'n siŵr eu bod nhw'n teimlo'n hollol *helpless* yn ôl yn canolbarth tra o'n i'n stryglo i lawr yn y ddinas. Y cywilydd o fod heb ddim arian a Dad yn methu rhoi arian i fi rhag ofn i fi ei wario fo ar gyffuriau. Gorfod rhoi'r arian i fy chwaer, a hithau'n gorfod mynd â fi i siopa bwyd. Mi o'n i'n oedolyn, ond yn sydyn reit yn ôl lle roedd angen pobl eraill i ofalu amdana i. Mae dibyniaeth yn lle unig iawn; mae stori pawb yn unigryw a does neb byth cweit yn mynd i ddeall be rwyt ti'n mynd trwyddo.

Mi gefais fy nghyfeirio gan ddoctor at wasanaeth EDAS (Entry into Drug and Alcohol Services). Mi o'n i'n mynd fin nos i'r sesiynau, yn gyfrinachol, heb ddweud wrth neb, ddim wrth fy ffrindiau ac yn enwedig ddim wrth fy nghyflogwyr. Doedd hon ddim yn ffordd iachus o ddechrau ar y daith, ond roedd y cywilydd a'r embaras yn ormod. Mi ddaru'r doctoriaid ac arbenigwyr neud i fi ddeall faint o broblem oedd genna i. Fyswn i erioed wedi meddwl, yn ddau ddeg pedwar oed, y byswn yn cyfeirio ataf fy hun fel alcoholig neu *addict*. Ond dyna lle o'n i, mewn ystafell fach yn nyfnderoedd rhyw ysbyty, yn gorfod wynebu hyn. O'n i wastad yn ymwybodol doedd fy mhatrymau yfed a phartïo ddim fel rhai pawb arall. Do'n i byth yn gwadu bod gen i broblem, ond eto ddim yn sylweddoli pa mor bell o'n i wedi llithro. Y patrwm o roi fy hun mewn sefyllfaoedd peryg, yn rhywiol, yn gorfforol ac yn feddyliol. Am y tro cyntaf, mi o'n i'n gorfod wynebu popeth o'n i'n ei gasáu amdanaf fy hun.

Mi o'n i, ar y pryd, yn gwrando yn ystod y sesiynau ond yn dal i feddwl 'mod i'n gwybod yn well, yn gwybod be oedd angen ei neud. Roedd yr ego'n dal i fod seis cawr. Fel sawl un yn yr un sefyllfa, do'n i ddim yn gweld alcohol fel cyffur. I fi, y cyffuriau oedd y wir broblem, ddim y ffaith 'mod i'n necio botel o win cyn gadael y tŷ yn achlysurol, neu bron yn yfed cwpan llawn fodca efo mymryn o lemonêd. Dyna pam benderfynais i redeg i ffwrdd i Sbaen. Rhedeg i ffwrdd oddi wrth fy nghyfrifoldebau. Mi o'n i wedi dod yn feistr ar ddweud celwydd. Yr actor a'r perfformiwr ynddo i'n ennill fy mara menyn…

Hedfan i Sbaen. Sawl coctel wedi cael ei necio cyn cyrraedd y maes awyr. Mewn un noson ro'n i wedi gwario tri chan ewro ar gyffuriau. Dechrau da i brofiad mwyaf erchyll fy mywyd.

Ar ôl Barcelona, dechreuais i sesiynau therapi gydag

43

elusen dynion hoyw yng Nghaerdydd. Mi ddaru nhw ddysgu i fi ei bod hi'n bosib byw bywyd sobor, hapus a chyflawn. Ac am hyn dwi'n ddiolchgar. Dyna pryd ddaru'r gwaith caled ddechrau go iawn. Fyddai pethau ddim yn gwella dros nos. Mi oedd yn rhaid i fi fod eisiau hyn yn fwy na dim byd arall yn y byd.

Y peth cyntaf oedd cael gwared o'r cymeriad yma o'n i wedi ei greu: y *party boy* oedd wastad yn cymdeithasu ac yn cael amser da. Y *gay best friend*. Y clown. Y person fyddai ddim yn meddwl dwywaith am gysgu efo sawl dyn gwahanol mewn diwrnod. Y person oedd ddim yn parchu ei hun ddigon. Y person oedd yn meddwl ei fod o'n ddi–werth a ddim yn haeddu cariad. Doedd genna i ddim syniad pwy o'n i. Un o'r pethau ddaru godi'r mwyaf o ofn arna i…

Wrth ddatod clymau'r hyn ddigwyddodd yn Sbaen mewn sesiwn ar ôl sesiwn, yn ara deg mi ddois i ddeall yr hyn do'n i ddim eisiau ei wynebu: y ffaith bod rhywun wedi cymryd mantais ohona i'n rhywiol. Mi o'n i'n llawn cyffuriau – wedi cael fy lladrata, wedi cael fy ngham-drin. Fy mai i oedd hynna; fi oedd wedi rhoi fy hun yn y sefyllfa yma. Ond na. Does gan neb yr hawl i drin person arall fel hyn. Mi o'n i angen dysgu fy ngwerth fel person. Mi o'n i am gymryd y cyfle yma i newid fy mywyd. Ac i'r person yna'n ôl yn Sbaen, dwi'n maddau.

Be ddoth yn amlwg yn y sesiynau yma ydi fy mod i

wedi bod yn diodde o iselder am flynyddoedd. O'r diwedd, roedd pethau'n dechrau gwneud synnwyr. Roedd o fel cael pâr o sbectols ar ôl bod yn sgwintio am flynyddoedd. Yn araf bach mi o'n i'n ailadeiladu fy mywyd. Be oedd yn afiach oedd y ffaith fy mod wedi bod yn afiach i gymaint o bobl, a'r peth gwaethaf oedd 'mod i ddim yn cofio. Dwi am gymryd y cyfle yma eto i ymddiheuro i bawb dwi byth wedi'i frifo; dwi'n gwybod fy mod yn diodde o'r salwch yma ond mae'n rhaid i fi gymryd cyfrifoldeb am yr hyn dwi wedi'i wneud.

Dwi'n gobeithio bod y broses o sobri wedi fy ngwneud i'n berson gwell, caredig, llai blin. Ond mae pawb yn dal i gael dyddiau drwg, Dwi'n dal i ddiodde o iselder ac weithiau, o nunlle, dwi'n teimlo 'mod i wedi cael fy mhwnio yn fy mol, a methu codi o 'ngwely, neu'n sobio crio ar lawr y stafell fyw. O'r blaen fyswn i wedi neud lein, yfed potel o Brosecco a smocio paced o Marlboro Gold i helpu fi drwy bethau. Ond rŵan dwi'n gweithio trwy fy mhroblemau; dwi'n mynd i gyfarfodydd os dwi'n teimlo'n fregus. Weithiau dwi'n mynd 'nôl i'r gwely oherwydd dyna'r lle saffaf i fi fod.

Mae galar am yr hen ddyddiau o bartïo yn rhywbeth dwi'n gorfod delio efo fo o dro i dro. Galaru am y gallu i fynd allan, cymdeithasu a mwynhau, oherwydd, er gwaetha be mae unrhyw un yn ei ddeud, mae o'n brofiad gwahanol – mynd allan yn sobor. Ar y dechrau fyswn i'n gorfod bod â diod yn fy llaw – sudd oren, pop. Ond y dyddiau yma dwi'n ddigon hapus efo glasied o ddŵr. Mae 'na adegau wastad yn mynd i fod lle ti'n cael dy atgoffa o'r rheswm pam dy fod yn sobor. Mynd am ddiod ar ôl gwaith. Aros am awyren yn y maes awyr gyda dy ffrindiau. Tecst funud olaf yn gofyn i ti fynd allan nos Sadwrn. Mae'r diffyg peint ar yr adegau yma'n gallu bod yn anodd, ond ar ôl sbel ti ddim yn sylwi ac mae o'n naturiol i fi rŵan.

Does dim pwynt meddwl 'pam fi?' Fedri di ddim byw dy fywyd yn y gorffennol. Dwi'n edrych ar y positif. Mwy o arian, mwynhau dyddiau Sul. Cadw rheolaeth dros fy ngheg, sydd weithiau'n dal i 'nghael i mewn i drwbl ond dwi'n methu beio'r *beer fear* ddim mwy. Dwi'n deall 'mod i wedi defnyddio'r geiriau 'mi', 'fi' a 'dwi' nifer o weithiau, ond mae'n rhaid rhoi dy hun yn gynta: dim ond ti fedrith newid dy ffordd. Be 'di'r pwynt bod yn feddw heb ffrindiau a theulu? Mae'n well o lawer gen i fod yn sobor a chael fy lapio mewn cariad. Dyna ydi byw. Dyna ydi bywyd. Dwi'n ddiolchgar, ond does dim diwrnod yn mynd heibio pan dwi ddim yn meddwl am alcohol na chyffuriau. Mae'n mynd â fi i lefydd tywyll weithiau, ond mae yna lawer o bethau yn fy mywyd i rŵan sy'n fy llenwi gyda gobaith.

Dwi yma i fyw a dwi'n teimlo 'mod wedi cael ail gyfle, rhywbeth sydd, yn anffodus, ddim yn digwydd i bawb. Pwy a ŵyr be fydd yn y dyfodol? Falle fydda i wedi cael *lapse* erbyn fory. Falle fydda i'n dal yn sobor mewn ugain mlynedd. Rhaid cymryd un dydd ar y tro, a dim ond wrth wneud hyn dwi wedi gallu dod i'r pwynt yma. Hapus.

Alcohol is the only drug
you have to justify NOT taking.

Annie Grace, awdur

Y DAITH AT HUNANADNABYDDIAETH

Wynford Ellis Owen

Yn fuan iawn yn fy mhlentyndod, pan oeddwn i tua chwech neu saith oed, daeth ofn i dra-arglwyddiaethu ar fy mywyd. Ofn gwneud camgymeriad, ofn siomi fy rhieni, ofn cael fy nal yn ymddwyn yn groes i'w disgwyliadau nhw a phobl eraill, ofn beirniadaeth, ac ofn bod yn fi fy hun yn fwy na dim. Ofn bod yn fi fy hun oherwydd fe ddywedwyd wrtha i fod hynny'n gyfystyr â 'dangos fy hun', ac roedd 'dangos fy hun', i rai o aelodau Capel Henry Rees, Llansannan, yn anathema, ac yn ddiffyg cymeriad o'r radd waethaf; yn wir, roedd o'n rhywbeth i'w osgoi ar bob cyfri. Pan gyhuddwyd fi o 'ddangos fy hun' gan ryw ddynes go lawn â het fawr bluog ar ei chorun, ro'n i wedi fy ngwisgo fel y cowboi Roy Rogers ac yn rhedeg o gwmpas yn 'saethu' Cristnogion pybyr y capel ar y pryd – jyst cyn rihyrsal ar gyfer *Caniadaeth y Cysegr* oedd yn cael ei recordio ar gyfer y BBC Home Service y pnawn hwnnw. Y canlyniad y dois i iddo wedi'r feirniadaeth hon – a aeth yn syth i'm seice am ryw reswm, a'm clwyfo'n ddwfn y tu fewn – oedd nad oedd bod yn fi fy hun ddim yn dderbyniol.

Deuthum i'r casgliad o'r prynhawn hwnnw ymlaen y dylwn i drio bod yr hyn yr oedd y ddynes honno eisiau i mi fod; roedd hi, yn amlwg i mi ar y pryd, yn datgan barn aelodau eraill y capel, oherwydd roedden nhw i gyd o'r un brid. Hynny yw, dylwn i fod yn giwrad bach da i'm tad oedd yn weinidog uchel ei barch, ac yn esiampl well o sut y dylai mab i weinidog ymddwyn. Cefais gadarnhad o hyn gan athrawon yn yr ysgol hefyd, a rhieni plant eraill, gan fod disgwyl imi osod rhyw fath o esiampl iddynt hwythau hefyd. Roeddwn i ar grwsâd o'r foment honno ymlaen felly i fod yn rhywbeth nad oeddwn i ddim, ac i fyw bywyd mor anonest yn y diwedd fel yr arweiniodd at ddifancoll llwyr.

Tydi o ddim yn beth hawdd trio bod yn rhywbeth nad ydach chi ddim, yn enwedig os ydach chi'n naturiol ddireidus ac yn dueddol o lanio mewn pob math o drafferthion a thrallodion o'r herwydd. Mae'n debyg y dois i'n gynnar iawn yn fy mywyd i fyw'r rhagrith Cymreig, ymddwyn yn 'Gristnogol' dda ar y tu allan – gwisgo fel blaenor a cherdded o gwmpas yn edrych yn syber fel sant – ond yn cuddio myrdd o bechodau aflan ar y tu fewn, na fedrwn i wneud dim oll amdanynt. I bob pwrpas roeddwn i'n byw celwydd, yn cuddio fy nghyneddfau naturiol oddi wrth y byd i drio bod yr hyn roedd y byd eisiau imi fod.

Wyddwn i ddim ar y pryd 'mod i wedi dechrau cuddio ochr ddu fy enaid rhag y byd, yr hyn oedd yn fy ngwneud i'n ddynol, ac y byddai yna ganlyniadau dybryd i hynny.

Roedd gen i hefyd gyfrinach roeddwn i'n ceisio'i chuddio rhag y byd a rhagof fi fy hun. Tybiwn nad oeddwn i'n cael fy ngharu, fy ngwerthfawrogi a'm trysori, fel y dymunwn. Flynyddoedd yn ddiweddarach, gyda'r wybodaeth sydd gen i heddiw, gwelais fy mod i wedi tybio'n gywir. Ni allai Mam a Nhad fy ngharu, fy ngwerthfawrogi a'm trysori fel y dymunwn. Doedd o ddim o fewn eu gallu na'u rhodd nhw i fedru gwneud hynny. Ni all unrhyw riant, â'r ewyllys gorau yn y byd, garu plentyn fel y mae'r plentyn hwnnw'n dymuno cael ei garu. Ond ar y pryd, wyddwn i mo hynny, ac roedd synhwyro'r ffaith − oherwydd, efallai, 'mod i'n orsensitif ac wedi fy ngeni ag un haen o groen yn deneuach na phawb arall − yn ormod o lawer i mi ei amgyffred. Ceisiais gelu'r gwirionedd ofnadwy hwnnw rhag y byd a rhagof fy hunan mewn amryfal ffyrdd. Ac roedd gormod o lawer o'r ffyrdd hynny'n niweidiol, nid yn unig i mi fy hun ond i bobl eraill hefyd, yn enwedig y rhai y proffeswn eu caru.

Cariad amodol oedd wrth wraidd fy mhroblemau: cael fy moddi mewn cariad pan o'n i'n hogyn da ac yn ufuddhau i'r hyn y disgwylid imi fod. Ond os byddwn i'n tramgwyddo mewn unrhyw ffordd − cael canlyniadau gwael mewn arholiad yn yr ysgol, neu gael fy nal yn ysmygu − byddai'r cariad hwnnw'n cael ei atal. Mae'n ffordd effeithiol iawn o ddisgyblu plentyn, gyda llaw: y peth ofnadwy amdano yw mai dim ond unwaith mae raid ichi ei wneud o; mae bygwth ei wneud o wedyn yn ddigon i ddinistrio bywydau.

Pan mae 'diffyg' fel yna yng nghlytwaith cymeriad rhywun − diffyg maethu, mae'n debyg − y duedd wedyn yw mynd i chwilio am y cariad, y gwerthfawrogi a'r trysori yn rhywle arall, y tu allan i ni ein hunain. Awn i chwilio amdano gan bobl eraill. Ceisiwn gymeradwyaeth pobl eraill i wneud iawn am y 'diffyg' yn ein bywydau ni ein hunain. Mae elfen o hyn ym mhob un ohonom. Rydyn ni i gyd eisiau cymeradwyaeth ar ryw adeg neu'i gilydd yn ein bywydau (ac, wrth gwrs, dyw Mam a Dad ddim yn gallu ei roi o inni − y gwir gariad rydym yn ei chwenychu gymaint). Dyna pam bod cymaint ohonon ni'n stryglo hefo dweud 'na' wrth bobl, oherwydd byddai hynny'n peryglu'r gymeradwyaeth sydd mor bwysig inni. Y drafferth yw bod rhai pobl fel fi yn dueddol o fynd i eithafion i chwilio amdano ac yn fodlon aberthu gonestrwydd ac egwyddorion er mwyn ei gael. Roeddwn i'n rhoi perfformiad ymlaen, beth roeddwn i'n ei feddwl roedd pobl eisiau ei weld ynof fi neu eisiau ei glywed gen i. I bob pwrpas roeddwn i'n byw celwydd, yn trio bod yn rhywbeth nad oeddwn i ddim, er mwyn cael y cariad annaliadwy yna nad oedd i'w gael yn y llefydd ro'n i'n chwilio amdano, ond na wyddwn i mo hynny ar y pryd nac am flynyddoedd lawer wedyn.

Dyw pobl, wrth gwrs, ddim ond yn gallu rhoi i ni eu cymeradwyaeth dros dro. Dyna ddrwg y byd a'i bethau. Felly, mae'n rhaid ei cheisio eto ac eto ac eto. A'r mwyaf rydyn ni'n gwneud hynny, y pellaf oddi wrthym, am ryw reswm, mae'r gymeradwyaeth hollbwysig yna'n mynd. Er enghraifft, dyw hi ddim yn ddigon i dîm rygbi Cymru guro'r Saeson un waith; dyw'r llawenydd byth yn para'n hir. Felly, mae gofyn iddyn nhw eu curo nhw eto ac eto ac eto. A dyw eto, ysywaeth, byth yn ddigon. Yn yr un modd, am funudau'n unig (eiliadau weithiau) y gall alcohol, heroin, rhyw, bwyd, gamblo, iselder, gorbryder, crefydd, gwleidyddiaeth, ayyb (ac mae cant a mil o wahanol ffyrdd o frifo ein hunain) roi'r 'hit' 'na rydyn ni'n ei chwenychu. Felly, mae'n rhaid eu gwneud nhw dro ar ôl tro nes y dônt yn arferiad. A dyw deall (yr *intellect*) byth yn rhan o unrhyw arferiad: mae'r blaen-ymennydd yn cael ei hepgor. Gweithredwn fel robotiaid, fel petaen ni mewn trans, heb fod deall yn rhan o gwbl o'r broses sy'n arwain at yr ymddygiad. Dyna sut yr ydym yn llwyddo i wneud yr hyn yr ydym yn ei wneud heb feddwl, na chwaith feddwl o gwbl am y canlyniadau.

Yn fy achos i, wrth i'r gymeradwyaeth bylu, mi es i chwilio ymhellach yn y byd a'i bethau am yr ateb i'r 'diffyg' yn fy mywyd, y gofod y tu fewn i mi. Roedd yn rhaid cael rhywbeth, unrhyw beth, i'w lenwi, neu o leiaf i ymbellhau rhag y boen emosiynol yr oedd y 'diffyg' yn ei hachosi.

Oherwydd erbyn hynny roedd y teimlad o arwahanrwydd – 'mod i ddim yn perthyn – wedi'i amlygu ei hun mewn poen annioddefol o unigrwydd llethol. Daeth fy nhaith i chwilio am y datrysiad i'r 'diffyg' yn daith gyffelyb i chwilio am y Greal Sanctaidd. Chwiliais yn ofer am y datrysiad mewn cyffuriau (tabledi cysgu fy mam), bwyd (camddefnyddiais fwyd ym mlynyddoedd cynnar fy nghyfnod yn yr ysgol uwchradd), rhyw (daeth hunanbleseru'n obsesiwn); ac yna, darganfyddais alcohol (dydyn nhw ddim yn galw alcohol yn *spirit* am ddim rheswm!) Eureka!

Roedd fy mhrofiad cyntaf o yfed alcohol yn union fel y byddwn i'n tybio y byddai profiad ysbrydol. Teimlwn gyflawnder rhyfeddol, yn un â mi fy hun, yn un â'm cyd-ddyn, yn un â'r tragwyddol (pe bai'r ffasiwn beth yn bod). Hwn oedd y datrysiad i'r holl broblemau roeddwn i wedi bod yn chwilio mor daer amdano! Disgrifiais fy alcoholiaeth fel 'salwch sanctaidd', cyflwr oedd yn ysbrydol yn ei hanfod ac a oedd, o'r herwydd, yn mynnu datrysiad ysbrydol. A thrwy ryw ryfedd wyrth, roeddwn i wedi'i ddarganfod yn cuddio mewn glaseidiau lawer o Brains Bitter!

Yn fy anwybodaeth, wyddwn i ddim ar y pryd am effaith *spiritum contra spiritus* – bod alcohol yn rhwystro ysbrydolrwydd – ac y byddai'n cymryd dim llai na gwyrth yn y diwedd i'm hachub o'i grafangau a'i ffug 'fedd-dod mwyn'.

Ond am y tro, ac am lawer gormod o flynyddoedd

wedyn, parhaodd y rhith. Dwi'n cofio dweud wrthyf fi fy hun yn y coleg, "Y cwbl dwi'n gorfod ei wneud rŵan er mwyn byw'r bywyd delfrydol yw yfed alcohol bob hyn a hyn, a bydd popeth yn berffaith." Wrth gwrs, roedd hyn yn groes i'r credoau craidd roedd fy rhieni wedi'u gosod arna i ym more oes a thrwy fy ieuenctid cynnar. Iddynt hwy, roedd yfed alcohol yn un o'r pechodau mwyaf posib ac yn groes i bob cwmpawd moesol. Ni ddylai rhieni byth orfodi'u credoau ar eu plant, yn enwedig os oes unrhyw awgrym o ragrith yn perthyn iddynt. Mae'n fath o drais emosiynol. Un o freintiau mwyaf bywyd yw darganfod yr atebion i ddirgelion bywyd drosoch chi'ch hun. Mae'n iawn i rieni gynghori, ond mae gorfodaeth yn un o'r ychydig bethau y byddwn i'n ei ddisgrifio fel pechod. Oherwydd mae'r credoau craidd hyn – sy'n cael eu gosod arnon ni yn ystod y naw mis cyn inni gael ein geni a hyd at chwech oed, ac sy'n cael eu gweithredu gennym ni'n aml yn ddiarwybod i ni'n hunain – yn gallu bod yn negyddol, gyda chanlyniadau andwyol, difrifol iawn. Dyna pam, wrth gwrs, fod yn rhaid inni ddarganfod beth ydi'r credoau craidd yma, er mwyn eu newid a gosod arnom ni'n hunain gredoau newydd, cadarnhaol, sy'n cynnig inni fywyd yn rhydd o bob ymlyniad i ymddygiad niweidiol a phethau'r byd. Yr ymlyniad sy'n andwyol, gyda llaw, oherwydd ei fod yn diffinio pwy neu beth ydan ni ac yn penderfynu sut rydan ni'n teimlo ac yn meddwl. Y gamp yw darganfod pwy neu beth ydan ni heb yr ymlyniad − heb yr alcohol, heb y gorbryderu, heb y swydd, heb y grefydd...

Fy nghredo graidd i oedd nad oedd dim pwrpas i fywyd. Dois i'r canlyniad yna pan oeddwn i tua chwech neu saith oed, coeliwch neu beidio, a rhois y gorau i chwibanu! Fedrwch chi ddim chwibanu a bod yn drist yr un pryd. Ond yn yr oed yma, fel y dywedais yn gynharach, dechreuais brofi ofn am y tro cyntaf wrth i mi synhwyro'r 'diffyg' yn fy mywyd. Fe wnaeth hynny imi feddwl nad oedd pwrpas trio gwneud dim byd gyda 'mywyd (ces fy mradychu gan y system addysg oedd yn dysgu un math o ddisgybl yn unig); a hynny wedyn yn arwain at y gred nad oedd dim pwrpas imi fod (wrth i mi'n gynyddol sylweddoli nad oeddwn yn gwybod pwy na beth oeddwn i), nes yn y diwedd fe wnes i drio fy lladd fy hun (pan nad oedd unrhyw opsiwn arall ar gael i mi − neu, o leiaf, dyna oedd y celwydd roeddwn i'n ei gredu ar y pryd).

Ond cyn cyrraedd yr opsiwn hwnnw − opsiwn a ddaeth yn gynyddol ddeniadol i mi fel roedd fy alcoholiaeth yn dwysáu − achosais lawer o boen a gofid i'm hanwyliaid: i Meira annwyl, fy ngwraig, a arhosodd yn gefn i mi drwy'r cyfan; ac i Bethan a Rwth, fy merched, sydd erioed, fel Meira, wedi edliw un gair i mi am y blynyddoedd o wallgofrwydd a'r poendod achosodd fy alcoholiaeth iddynt, ac sydd wedi fy ngharu'n gwbl ddiamod er gwaethaf popeth. Yn hyn o beth, roeddwn yn freintiedig tu hwnt, ac yn parhau i fod.

Yr unig ffordd, gyda llaw, roeddwn i'n gallu parhau â'm hymddygiad meddw, anghyfrifol oedd yn niweidio fy nheulu a phawb roeddwn i'n eu caru, oedd drwy 'ladd' y gydwybod. Dyna'r unig ffordd y gallwn i osgoi'r teimladau o euogrwydd a chywilydd oedd yn gallu fy mharlysu. Roedd pris i'w dalu am wneud hynny hefyd yn yr hirdymor: paranoia. Credwn fod y byd a'i fodryb yn f'erbyn.

O safbwynt fy ngyrfa broffesiynol, roedd popeth yn mynd yn weddol hynci-dori. Roedd y ffaith bod actio yn caniatáu imi guddio fy mhoen rhag y byd yn help. Ond does dim sy'n waeth na thrio ymddangos yn ocê, pan nad ydach chi'n teimlo'n ocê. Serch hynny, gyda 'help' alcohol a chyffuriau eraill llwyddais i greu gyrfa ryfeddol o lwyddiannus i mi fy hun. Gan na fedrwn yfed (yn enwedig gwirodydd) am gyfnodau hir heb fynd yn sâl, roedd angen y cyffuriau, tawelyddion a thabledi gwrth-iselder ysbryd arnaf i, i'm hurtio pan nad oeddwn yn gallu yfed. Ond dros amser, roedd y cymylau duon yn crynhoi. Roedd hi'n anoddach cuddio'r gwir rhag y byd ac fel yn hanes pob *addict*, er defnyddio pob dichell i drio cuddio 'nibyniaeth, daeth fy nghyflwr yn y diwedd yn wybodaeth gyhoeddus. Felly, wrth i fwy a mwy o bobl ddod i wybod am fy nghyflwr roedd y cyfleoedd gwaith yn prinhau, fy ymddygiad yn gwaethygu, a'm bywyd yn mynd yn fwy a mwy anhydrin ac allan o reolaeth.

Ond beth, yn y diwedd, arweiniodd at sylweddoli bod

angen help? Wel, yn syml iawn, dioddefaint. Dioddefaint, o bosib, ydi un o'r grymoedd mwyaf creadigol sy'n bod ym myd natur. Yn sicr, dyna'r unig beth wnaeth imi newid fy ffyrdd. Ond nid dioddefaint corfforol mohono, na chwaith y cyflwr meddwl ac emosiynol truenus roeddwn i ynddo – er i hynny gyfrannu rhywfaint, rwy'n siŵr. Na, tlodi ysbrydol oedd o: doedd gen i ddim syniad pwy na beth oeddwn i. Dyna a'm lloriodd i'n derfynol. Dyna pryd, ar y stryd yn Aberystwyth o bob man – a minnau wedi dianc o'm cyfrifoldebau fel gŵr a thad a chyd-weithiwr (bu'n rhaid imi adael ymarferion Theatr Gwynedd ar gyfer drama gomisiwn Eisteddfod Genedlaethol Aberystwyth 1992 oherwydd y cyflwr gwael roeddwn i ynddo) – y gweddïais y weddi fwyaf effeithiol imi ei gweddïo erioed. Un gair yn unig oedd y weddi: 'Help!' Ond fe ddaeth o waelodion mall fy enaid a rhwygo'r mur oedd yn fy ngwahanu rhag y nerth roeddwn i ei ddirfawr angen i ddechrau gwella.

Ac yn y fan a'r lle, newidiodd holl gyfeiriad fy mywyd ar amrantiad. Yn lle chwilio am yr atebion yn y byd a'i fateroliaeth a'i betheuach ego-ganolig, dechreuais ar y daith fewnol at hunanadnabyddiaeth lawn. Roedd holl boen fy mywyd hyd hynny'n deillio o'r ffaith na wyddwn pwy neu beth oeddwn i. Doedd gen i ddim syniad pwy na beth oedd yn gwneud y byw a'r marw ym mywyd Wynford. Wrth drio bod yr hyn roedd pobl eraill eisiau imi fod, collais gysylltiad â phwy a beth oeddwn i yn y bôn.

Canlyniad hynny oedd tlodi ysbrydol dybryd; roeddwn i'n byw mewn tlodi; fi oedd tlodi. Roeddwn i'n golledig yn fy meddwl fy hun, ar goll.

Mae pawb yn y byd yn gwybod na fedr alcoholig wella nes ei fod yn derbyn ei fod yn alcoholig. Mae hynny'n wir am bob cyflwr dynol arall hefyd, gyda llaw. Os na fedrwn ni dderbyn ein hamherffeithrwydd (ein gelynion) a'u caru, yna mae gan yr amherffeithrwydd hwnnw rym drosom ni. Daw'n elyn pennaf i ni a gwneud ei waethaf. Dechrau'r daith at adferiad a hunanadnabyddiaeth lawn i mi felly, yn 1992, oedd derbyn fy amherffeithrwydd: 'mod i'n ddi-rym dros alcohol a chyffuriau eraill, a bod fy mywyd yn anhydrin ac allan o reolaeth. Defnyddiais ofn fel rheswm dros wneud rhywbeth yn hytrach nag fel esgus i beidio, a rhois ganiatâd i mi fy hun deimlo'r hyn roeddwn i'n ei deimlo, i feddwl yr hyn roeddwn i'n ei feddwl, i fod yr hyn oeddwn i – y da a'r drwg. Rhois ganiatâd i mi fy hun fod yn ddynol – yn berffaith amherffaith.

Yna, dros flynyddoedd lawer o hunanymchwilio a myfyrio, mentrais ar y daith fewnol anoddaf un, heibio i'r croen ar fy wyneb fel petai, i mewn drwy'r trydydd llygad sydd rhwng y ddwy ael a jyst uwchben pont y trwyn, heibio i'r clwstwr o gelloedd, y moleciwlau, yr atomau a'r gronynnau, ac i'r diddymdra mawr y tu fewn. Ac yn y gofod hwnnw, yn yr ymwybyddiaeth oesol, yn nharddiad yr holl fyd, darganfod pwy a beth oeddwn i mewn gwirionedd.

Y gamp wedyn oedd dysgu byw yn yr ymwybyddiaeth oesol hon bob eiliad effro o'r dydd. Un gair o rybudd sut bynnag: i wneud hynny mae angen ffydd. Fedrwch chi ddim byw yn y foment heb honno. Wnaiff cael arian yn y banc na phensiwn anferth na dim felly eich amddiffyn rhag yr ofn o fethu gwybod beth sydd gan yfory ar eich cyfer; ffydd yn unig wnaiff hynny.

Y wobr fawr i mi yn yr holl daith yma, sydd yn ei hwythfed flynedd ar hugain bellach ers imi ddechrau adfer, ydi'r ffaith fy mod i bellach yn gyfforddus yn fy nghroen fy hun a 'mod i wedi dod i dderbyn fi fy hun fel rydw i, ac yn hapus ac yn fodlon gyda hynny.

Fe ddechreuodd y daith oherwydd bod gen i broblem gydag alcohol a chyffuriau eraill. Ond yn y pen draw doedd ganddo ddim oll i'w wneud â'r rheiny, dim o gwbl. Alcohol a chyffuriau eraill oedd fy null i o drio dianc rhag wynebu fi fy hun a'r teimladau annifyr roedd arna i ofn eu hwynebu, neu'n teimlo nad oedd gen i'r adnoddau i ddelio â nhw – teimladau o wacter ac anghyflawnder. Yn y pen draw, cariad oedd wrth wraidd fy mhroblemau i, neu'r syniad 'mod i ddim yn cael fy ngharu fel yr oeddwn i'n dymuno cael fy ngharu, fy ngwerthfawrogi a'm trysori. Dyna'r realiti y bûm i'n brwydro yn ei erbyn drwy gydol fy mywyd, mewn un ffordd neu'r llall, ac yn y broses fe wnes i golli nabod arnaf fi fy hun.

Yn y diwedd, gan na fedrwn i ddianc rhag y teimladau

hyn, a baich annioddefol unigrwydd yn fwy na dim (roedd ymgais at hunanladdiad hyd yn oed wedi methu), ildiais i'r ffaith 'mod i'n ddi-rym drostynt, nad oedd gen i unrhyw ddatrysiad nac ateb i 'mhroblemau. Dysgais mai ffordd gostyngeiddrwydd oedd fy unig ffordd, ac ildiais i'r ffaith honno a dysgu gwrando a derbyn help oddi wrth eraill.

Erbyn hyn, sut bynnag, rydw i wedi ildio'n gyfan gwbl i'r ffaith 'mod i'n ddi-rym, nid yn unig dros alcohol a chyffuriau, ond dros bopeth yn ymwneud â materoliaeth a'r ego hefyd: arian, cyfoeth materol, enwogrwydd, pŵer, mawrfri (*prestige*), prynwriaeth. Ac yn groes i'r hyn a dybiwn unwaith, does gen i ddim math o reolaeth dros unrhyw beth nac unrhyw berson arall chwaith. Felly, fel mae rhywun yn ildio i ddŵr er mwyn arnofio, heb gynnig dim gwrthwynebiad, chynigiais innau ddim gwrthwynebiad i'r bydysawd chwaith, na dim oll oedd yn digwydd o'i fewn. Be arall fedrwn i ei wneud? Derbyniais bopeth roedd y bydysawd yn ei gynnig i mi, y da a'r drwg yn ddiwahân. Doedd gen i ddim disgwyliadau, a chefais fy hun, oherwydd anwybodaeth lwyr a thrwy ddamwain ffodus – un o'r rhagluniaethau rhyfedd hynny sy'n digwydd weithiau – yn tiwnio i mewn i rym y cread. Yr un grym, dysgais yn ddiweddarach, sy'n rheoli'r planedau, yn trefnu'r tymhorau ac yn arwain cerddorfa gyfoethog natur yng ngodidowgrwydd amrywiol ac ofnadwyaeth ddychrynllyd ei symffoni lawn. Fe ddois i, heb unrhyw ddiolch na chlod i mi fy hun ac ar amrantiad, yn un â'r grym cyfriniol hwnnw a chanfod, er mawr syndod i mi fy hun, fod bywyd o'r herwydd yn rhagorach nag y bu erioed o'r blaen, yn ddigyffelyb ac yn rhodd amhrisiadwy i'w fwynhau yn ei holl gyflawnder.

Nid person mo'r grym yma, gyda llaw; nid Duw'r duwiau mohono chwaith fel roeddwn i wedi'i ddeall o'r Beibl 'stalwm, ond Egni pur. Yr Egni rhyfeddol hwnnw sy'n curo'n ddi-baid fel tonnau'r môr drwy'r cread cyfan ac sydd ar gael i bawb ohonom yn ddiwahân, petaen ni ond yn gallu hepgor ein hymlymiad wrth bethau'r byd – y pethau dros dro hynny sy'n gwatwar yr Egni go iawn mor gyfrwys – ac ildio'n gyfan gwbl iddo. Ond beth wn i?

Cariad diamod, anhunanoldeb a dyfalbarhad yw nodweddion ysbrydol adferiad i mi. Mae'r rhain yn nodweddion y mae'n rhaid i mi eu hymarfer drosodd a throsodd am weddill fy mywyd, heb fyth anghofio mai creadur amherffaith ydw i o hyd yn y bôn.

Dim ond cyrraedd a chynnal sobrwydd oedd fy nod ar ddechrau 'nhaith, ac mae medru cyflawni hynny, sef gwneud rhywbeth na fedrwn ei wneud drosof fy hun cyn hynny, yn wyrth ynddi'i hun. Ond ar ben hynny, erbyn hyn mae gen i'r gallu i fyw gydag urddas, i garu fy hun ac eraill, i chwerthin, ac i ddarganfod llawenydd a phrydferthwch yn fy amgylchfyd. Ond cofiwn hyn: ar ôl cyfnod hir o fod ar goll a chrwydro'n ddigyfeiriad, dathlu rydw i fy mod i o'r diwedd wedi dod o hyd i'r ffordd; nawr mae'n rhaid i mi ei cherdded, a hynny gyda'r gofal mwyaf am weddill fy oes.

O ie, pwy neu beth ydw i? Wel, mi wnes i ddarganfod yn y diddymdra mawr y tu mewn i mi, ac o gofleidio ochr ddu'r enaid a'i garu, 'mod i'n ddim byd, nad oedd yr ego na'r hunan hyd yn oed yn bodoli; rhithiau oeddynt hwythau hefyd. Ond unwaith wnes i sylweddoli 'mod i'n ddim byd, yn baradocsaidd, mwyaf sydyn, mi ddois i'n bopeth. Ro'n i wedi cyrraedd Cyflawnder – sef dyhead fy nghalon i gael fy ngharu amdanaf i fy hun – yr hyn roeddwn i wedi bod yn chwilio amdano drwy f'oes.

Rock bottom will teach you lessons
that mountain tops never will.

Anon

CHWALU TABŴ

Iola Ynyr

Mi nath tabŵ ladd chwaer Nain yn ei chartre ei hun. Roedd hi'n disgwyl, heb fod yn briod, ac roedd wynebu hynny'n gyhoeddus yn fwy o ddychryn na llyncu tabled erthylu ceffyl. Dim ond yn lled diweddar ges i wybod hyn ac mi ddychrynodd o fi – bod rhywbeth mor dreisgar 'di digwydd i berthynas mor agos ac wedi'i guddio am flynyddoedd.

Ddwy flynedd yn ôl, mi oedd meddwl am ladd fy hun yn rhywbeth oedd yn codi fel syniad i finnau hefyd sawl gwaith y diwrnod. Roedd o'n opsiwn oedd yn mynd i ddiweddu fy nioddde personol i, a'r hyn roedd pobl eraill yn gorfod ei ddiodde o fy herwydd i.

Mi o'n i'n sylweddoli'n llwyr 'mod i'n alcoholig ond yn methu meddwl am wynebu bywyd heb yfed, ac mi oedd arna i ofn cyfadde hynny. Mi oedd 'na rai unigolion yn trio fy 'sobri' trwy godi cywilydd, bychanu ac edliw ymddygiad anfaddeuol. Roedd eu diffyg dealltwriaeth o fy mhoen meddwl a chorfforol yn fy ynysu ymhellach. Roedd eu bwriad yn dod o le da, ond doedd eu lleisiau 'mond yn edliw fy llais mewnol fy hun fy mod i'n ddiwerth ac yn boen.

Un llais dorrodd drwy'r gwymp o ddinistr llwyr oedd geiriau llawn cariad fy merch hynaf, Erin. "Mam, ty'd i gysgu hefo fi'n fama," oedd ei chysur ar ôl i mi gael fy rhyddhau o'r ddalfa am ymddygiad ymosodol na chafodd ei erlyn ymhellach, ymddygiad oedd yn gwbl groes i fi'n hun naturiol. Dim beirniadu, na ffieiddio, na chwestiynu. Dim ond derbyn y sefyllfa a gafael yn dynn, dynn.

Yn ffodus, mi nath fy mhlant, fy ffrindiau agosaf, aelodau o fy nheulu ac asiantaethau proffesiynol a chymdeithas o bobl gefnogol fy argyhoeddi mai sâl oeddwn i. Doedd cywilyddio a dwrdio ddim wedi helpu o gwbl. Doedd "Jyst stopia yfed!", "Callia!", "Busnas yfad 'ma'n rhemp" a "Sti… ma hyn yn mynd yn rhy bell!" yn gwneud dim mwy na chynyddu'r ysfa i ddifa fy hun. A hynny am mai tabŵ oedd yn rheoli'r sefyllfa.

Mi oedd bywyd mor dywyll, y ffieiddio ataf fy hun mor gry, a'r boen wrth lusgo o un cegaid o win i'r llall yn lladd pob gronyn o bleser byw. Nid dewis hyn o'n i, ond gorfod ei neud o i ymateb i boen meddwl a thrio'i lleddfu. Mi oedd yr yfed ei hun yn mynd yn anoddach wrth i 'nghorff i wneud popeth o fewn ei allu i drio'i wrthod, y prynu'n mynd yn anoddach i'w gelu a'r poteli gweigion yn fwy amlwg ym mhob twll a chornel o'r tŷ.

Sut ddoth hi i hyn?

Mi o'n i'n sylweddoli 'mod i'n gweld y byd yn wahanol ers pan o'n i'n ifanc iawn, ond yn beio bod yn unig blentyn fel y rheswm dros deimlo mor ynysig. Mi o'n i wedi hen sylweddoli 'mod i'n poeni mwy na phlant eraill, yn dadansoddi pethau na fyddai plant eraill wedi eu rhag-weld ac yn gosod disgwyliadau arnaf fy hun na fyswn i byth yn gallu eu cyrraedd. Mi fyddai ymgais i ail-greu gweithgaredd *Blue Peter* yn troi'n ffieiddio fy mlerwch a'm hanallu personol. O fewn chwinciad mi fyddai rhwystredigaeth milain yn fy llorio, ac at feddylfryd y ferch saith oed yna ro'n i'n dychwelyd mewn cyfnodau anodd weddill fy mywyd. Ac roedd clywed aelodau o 'nheulu'n cyfeirio ata i fel 'Iola fach' neu 'Io bach', er gwaetha'r anwyldeb, yn fy niffinio i fel yr hogan fach rwystredig, chwithig, oedd yn ddibynnol ar bobl eraill i fy 'achub' i.

Ond mae wynebu fy ngwirionedd, darganfod fy mreuder a derbyn bod gofyn am gefnogaeth yn arwydd o ddewrder wedi dechrau'r broses o ddod yn nes at y 'fi' fel oedolyn, yn hytrach na bod yn sownd yn y ferch fach ofnus, saith oed. Mi alla i bellach dderbyn nad oes raid i mi drio plesio pawb a bod yn hogan 'dda'. Mi alla i fod yn driw i fi'n hun heb ofni pechu a chodi cywilydd. Mi alla i fynegi fy hun, 'mond i mi bwyllo ac ystyried yn ofalus nad ydw i'n niweidio fy hun na phobl eraill yn fwriadol. Mi alla i ddewis drosta i fy hun yn hytrach na gwneud be mae pobl eraill yn disgwyl i mi ei neud, achos dydw i ddim yn trio dianc oddi wrtha i fy hun ddim mwy. Ac mae hynny'n anodd i bobl ei dderbyn a sylweddoli bod fy mhenderfyniadau i'n rhai sy'n iawn ac yn rhai y dylid eu parchu. Wrth gwrs, mi fydda i'n dal i wneud camgymeriadau ond dyna ydi fy hawl i!

Cariad nath fy achub i, cariad gan bobl oedd yn fy nabod i'n ddigon da i wbod 'mod i'n gallu ymddiried yn eu ffydd nhw bod yna ddaioni yndda i. Y ffydd honno fyddai'n fy argyhoeddi ei bod hi'n werth trio newid. Fod gynna i rinweddau, fod gynna i rywbeth i'w gynnig, 'mod i'n llawer mwy na'r tywyllwch oedd wedi mygu pob gobaith.

Yn amlach na pheidio, cariad gan ddieithriaid fyddai fwya pwerus. Gwên gyfeillgar a chroeso gwirioneddol dynes derbynfa'r syrjeri nath fy nghynnal i yn fy wythnosau cynta sobor. Roedd ei geiriau o anogaeth a'i phleser o 'ngweld i'n amhrisiadwy ar y daith i wellhad. Ystum bach oedd wedi ei wreiddio mewn cariad a dealltwriaeth bod gan bawb y gallu i gynnig gobaith.

Dydw i rioed wedi cael trafferth cydymdeimlo hefo poen pobl eraill, ond doedd gynna i ddim math o syniad lle i gychwyn gyda fy mhoen fy hun. Doeddwn i rioed wedi ystyried 'mod i angen diogelu fy lles fy hun.

Yn ara deg, mi giliodd yr ysfa i yfed, mi leddfodd yr ofn, y cywilyddio, yr hunanffieiddio. Ddim yn llwyr, ond yn raddol mi ddysgais i ganiatáu i'r teimladau basio drosta i fel chwa o wynt yn hytrach na fy ysgwyd i at fy seiliau fel roedd hi o'r blaen.

Dwi 'di datblygu'r gallu i ymateb yn fwy ystyrlon i fywyd, i fod yn fwy goddefgar tuag ata i fy hun ac felly'n gallu dangos amynedd a chefnogaeth i eraill. Gan nad ydw i mor feirniadol o fi'n hun, dydw i ddim yn teimlo'r rheidrwydd i feirniadu pobl eraill. Dwi 'di sylweddoli nad ydi hanner canrif o fyw wedi dysgu fawr ddim i mi am fywyd, a bod angen i mi fod yn agored fy meddwl a gweld pethau, pobl a phrofiadau mewn golau newydd heb ragfarn; ac ma gynna i awch at fywyd yn hytrach nag ofn oherwydd hynny.

Dwi'n cofio cwnselydd, nad oedd yn Gymraes, yn fy holi, "What is it with you, middle-aged Welsh-speaking women who have a fraught relationship with your mothers and alcohol and are emotionally immature when it comes to dealing with life?"

Mi oedd hi wedi adnabod patrwm dwi'n ei weld yn gyson o 'nghwmpas i. A dwi'n meddwl bod 'na fwrn yn dod o gario iaith a diwylliant lleiafrifol lle nad oes yna 'ganiatâd' i drafod a phrosesu profiadau heriol. Ond dydw i ddim isio bod yn fictim na pharhau hefo patrymau niweidiol o gywilyddio a beio yn hytrach na derbyn a delio hefo sefyllfaoedd o bersbectif gofalgar ac adeiladol.

Dwi'n ddiolchgar 'mod i'n well, 'mod i wedi gallu dod trwy brofiadau lle tanseiliwyd perthnasau, cyfleon, rhyddid a gobaith. Dwi'n falch 'mod i'n llwyddo i dderbyn bod iselder yn rhywbeth y galla i fyw hefo fo yn hytrach na thrio'i guddio.

Dwi'n gyfforddus yndda i fy hun, wel, yn gymharol gyfforddus. Yn llawer mwy cyfforddus nag oeddwn i. Ma gynna i ormod o floneg yn syrthio dros ganol fy nhrowsus; dwi'n dal i gasáu sbio ar fy hun yn y drych, ac mae poeni yn mynd i fod yn rhan o 'mywyd y bydd raid i mi gadw golwg arno fo'n barhaus.

Ond dwi'n gweld 'mod i'n perthyn i'r bydysawd ac mai un gyfran, bitw bach, ydw i. Felly ma raid i mi ddysgu cydweithio o fewn y drefn eang honno yn hytrach na styfnigo a gwrthryfela a meddwl 'mod i'n gwbod yn well na phobl eraill. Dwi'n deall 'mod i'n ffodus, 'mod i wedi gallu darganfod adferiad cadarn i fi'n hun, ac achos hynny 'mod i'n gallu cefnogi pobl o 'nghwmpas i drwy gariad, achos cariad sydd wedi fy nghynnal i drwy bopeth.

Tabŵ, dwi'n dy herio ditha i fod yn agored i newid dy agweddau! Fydd dim raid i ti ddychryn pobl ac mi gei di deimlo'n brafiach ynddat ti dy hun. Ta-ta, tabŵ! Y gwir ydi, nid un person wyt ti, ond pawb. Mi wyt ti'n llechu ynon ni i gyd ac mi wyt ti'n trio dy orau i'n cadw ni'n saff, ond trwy ffieiddio pobl eraill rwyt ti'n ein ffieiddio ni i gyd. Dyna ydi alcoholiaeth, troi arnaf i'n hun. Ymosod a rhyfela hefo'r unig beth sydd gynna i mewn bywyd – y fi!

Dwi isio i bawb deimlo'n saff i fynegi eu hofnau heb eu troi'n fai ar neb arall, na'u cuddio nhw. Dwi'm isio i neb orfod byw trwy boen meddwl heb gefnogaeth. Mi ydan ni'n cario poenau cenedlaethau, ond mae trafod y poenau yn lleddfu ac yn cynnig gobaith i genedlaethau'r dyfodol. Er mai bach ydw i o fewn byd mwy, mi alla i arwain at newid, newid sy'n tanio, nid i losgi a brifo, ond sy'n tyfu'n goelcerth o gefnogaeth i unrhyw un sydd mewn gwendid.

Mi ydw i mor ddiolchgar i bawb am eu cefnogaeth ac am eu gweithredoedd i leddfu fy mhoen. Ac i'r rhai sydd wedi gorfod ymatal rhag mynegi eu cefnogaeth yn rhydd, am ba reswm bynnag, mi ydw i'n dallt hynny hefyd. Mae ysbryd o gefnogaeth yr un mor bwerus â gweithredoedd yn y pen draw. Does gen i ddim chwerwder achos, tra bydda i byw, mi gofia i athrawes ysbrydoledig yn deud wrtha i, "Dŵr sy'n mygu tân, nid mwy o fflamau."

"Be like water," medde Bruce Lee.

Dria i 'ngore.

Sobriety isn't a sad consequence.
It's a proud choice.

Holly Whitaker

DIOTA

Lloyd Jones

Roedd 2001 yn flwyddyn dyngedfennol i Lloyd Jones (y fersiwn cyntaf ohonof i). Do, fues i ar *space odyssey* fy hun, ac es i'n bell iawn o'r byd hwn.

Ar ddechrau'r flwyddyn honno roedd gen i gartref crand, teulu bach llewyrchus, swydd odidog a digonedd o bopeth.

Erbyn mis Rhagfyr roedd y cwbl wedi diflannu, ynghyd â fy mhwyll a fy iechyd.

Pan gerddais i mewn i Ysbyty Llandudno yn ystod yr wythnos ar ôl y Dolig, roeddwn i wedi bod yn ddigartref ers naw mis ac yn edrych fel trempyn. Roeddwn i'n pwyso ychydig dros saith stôn, ac roeddwn i'n felyn fel caneri.

Yfais am y tro olaf ar 27 Rhagfyr 2001. Pe bawn i wedi dal ymlaen i hel diod, mi faswn i wedi marw yn fuan wedyn. Ond, fel y dywedodd y doctoriaid, roeddwn ar fin darganfod fy mod i'n ddyn ffodus dros ben. Edrychodd y dduwies Ffawd i lawr o'i theml a phenderfynu y câi'r dyn bach ffôl fyw, fel yr ydym ninnau'n achub crachod lludw o'r sinc a'u cario allan i'r ardd.

Dyma ran o'r stori...

Rwy'n disgrifio alcoholiaeth fel ymweld â gwlad bell – gwlad brydferth iawn, ond mae rhyfel cartref yn rhygnu mlaen yno o hyd. Mae rhan ohonoch chi eisiau mwynhau ei phrydferthwch llesmeiriol am byth, ond mae rhan arall ohonoch chi'n ofni dyfodiad y rhyfel i'ch drws. Yn y diwedd, ffoi wnes i. Ond fel y mwyafrif llethol o alcoholics, dydw i ddim yn difaru ymweld â'r wlad honno. Dim o gwbl. Cefais brofiadau anhygoel, cyfoethogwyd fy mywyd yn aruthrol. Yn ffodus, doeddwn i ddim yn gas yn fy niod; yn wir, dim ond llond llaw o bobl a welodd fi wedi meddwi drwy gydol fy mywyd.

Roedd fy nhad wedi bod yn alcoholig brwnt iawn ac roedd y ddiod feddwol wedi'i ladd o yn 57 mlwydd oed. Gwelwn ef yn syrthio o'm blaen weithiau, yn cael ffit. Pan awn i'w weld o yn ei gartref diwethaf, fy ngorchwyl gyntaf oedd clirio ar ei ôl: roedd o'n rhy wan i gyrraedd y lle chwech, ac felly roedd o'n gwneud ei fusnes ar bapurau newydd ar hyd y llawr. Pan euthum i'r ysbyty i ymweld ag ef, doedd ond un peth ar ei feddwl. Gyda'i lygaid yn ymbilgar, erfyniodd arnaf i fynd i brynu mwy o wisgi iddo fo – er iddo dderbyn wisgi fel rhan o'i feddyginiaeth. I ddyn ifanc fel fi, yn fy ugeiniau cynnar, roedd hyn oll yn arteithiol.

Am rai misoedd yn ystod 2001 bûm yn byw mewn carafán ar yr *allotments* yn Llanfairfechan. Doedd fawr neb yn fy mhoeni erbyn hynny ac roeddwn yn byw yn fy myd bach fy hun, yn yfed potel fawr o fodca, weithiau dwy, ynghyd â chwe pheint o White Lightning bob dydd. Yfwn rownd y ril, 24 awr y dydd, ac yn y diwedd collais yr awydd i fwyta. Yn wir, dywed fy nghof fy mod i wedi gwneud heb fwyd am ddeugain niwrnod ar un adeg, ond Duw a ŵyr ydi hynny'n gywir.

Yn yr un cyfnod, bûm yn sgwrsio efo Angau bob nos.

Drychiolaeth, ysbryd, rhith: wn i ddim, wir, be oedd y 'dyn' a gerddai o amgylch y garafán yn dal pen rheswm efo fi. Er na welais ef, gwyddwn ei fod yn ddyn golygus, fel un o'r dynion 'na welech chi'n hysbysebu sigaréts neu wats ddrud yn y cylchgronau, yn eistedd efo merch brydferth y tu allan i gaffi ar ryw *boulevard* ym Mharis. Roedd ganddo wallt du fel y frân, wedi'i gribo'n ôl, a *polo neck* du. Gwisgai ddillad chwaethus, drud, ac roedd sigarét rhwng ei fysedd yn amlach na dim. Roedd o'n amyneddgar, yn sensitif, yn deimladwy, ac yn faddeugar. Gwrandawai'n astud ar fy stori, heb farnu fy mywyd. Daeth yn ffrind agos i mi; roeddwn yn mwynhau ein hymgom nosweithiol.

"Cymer dy amser," meddai wrthyf. "Does dim brys o gwbl, wsti."

Doeddwn i ddim yn teimlo'n isel yn ystod y cyfnod hwnnw; teimlwn fel pysgodyn bach yng ngwaelod môr enfawr o ddifaterwch: roedd fy nheulu a fy ffrindiau yn bell iawn i ffwrdd, yn y byd go iawn. Ond wylais chwartiau. Fi oedd capten tîm wylo Cymru yn ystod y flwyddyn honno. Dagrau plentyn oeddynt, yn dod o ffynnon ddu fy mebyd, fel pe bai rhywun wedi taro twll mewn peipen yn arwain o'r bachgen i'r dyn canol oed yn ei gartref bach ar y lotments.

Pan gerddais i mewn i'r ysbyty, roeddwn yn 50 mlwydd oed ac mewn trybini mawr.

Cefais nifer o brofion, a bu llu o ddoctoriaid yn procio fy mol i nes ei fod o'n brifo. Mae un ohonynt, yn arbennig, wedi aros yn y cof. Mae'n amlwg mai Mwslim ydoedd – heb gyffwrdd ag alcohol erioed, mae'n debyg – a be welais yn ei lygaid oedd syndod a braw fod dyn gweddol fedrus fel fi, yn byw bywyd swmpus mewn gwlad rydd, ddemocrataidd, yn lladd ei hun o'i wirfodd. Doedd o ddim yn deall, a dwi'n gweld pam.

Rywbryd yn ystod y cyfnod hwnnw cefais brofiad aruthrol, 'profiad gwyn', fel mae rhai'n disgrifio profiad agos-at-angau. Mae llawer sydd bron â marw, ond wedi dod yn ôl i'r byd hwn, yn dweud eu bod wedi nesáu at olau gwyn, weithiau drwy dwnnel gwyn – ac mae eraill wedi disgrifio 'bodolion gwyn' neu 'fodolion o olau llachar' yn eu croesawu i'r ochr arall. Dywed rhai eu bod wedi profi ton o gariad llwyrfrydig a thynerwch diderfyn, diamod.

Yn hyn a brofais i oedd gweledigaeth, neu freuddwyd effro, neu ddrychiolaeth; fedra i ddim bod yn sicr...

Roeddwn yn eistedd ar fainc isel mewn ystafell fechan. Ychydig i'r chwith roedd dau ddrws heb unrhyw arwydd arnynt na handlen chwaith. Gwnaed popeth yno, pob modfedd, o'r uPVC gwyn a ddefnyddir i wneud ffenestri a drysau modern. Gwyddwn, rywsut, fod un o'r drysau yn arwain at farwolaeth a'r llall i fywyd newydd. Sythais, a chamu drwy'r drws oedd yn arwain i fywyd newydd.

A dyma Instagram arall o'r gorffennol: un diwrnod, pan oeddwn yn eistedd yn lolfa'r ysbyty, edrychais i fyny i gyfeiriad y ffenest, a be welais i oedd Angau yn syllu arna i. Ond roedd y Mr Nice Guy o'r lotment wedi newid yn llwyr; be welwn i'r tro hwn oedd wyneb hyll, maleisus, ffiaidd yn grwgnach arna i, cystal â dweud, "Hei, boi bach dibwys, meidrol, rydw i wedi dod amdanat ti y tro hwn. Mae dy amser di bron ar ben..."

Eiliad gymerodd hyn oll, ond parhaodd yr ofn am amser hir. Cefais fraw dychrynllyd ac es i guddio yn fy ngwely.

Aeth 18 mlynedd heibio ers hynny ac mae'r atgofion yn pallu. Ond un ffordd neu'r llall, rwy'n dal i ddweud y stori. Pan aned Lloyd Jones (yr ail fersiwn) ar 28 Rhagfyr 2001, euthum ati i fyw fy mywyd mewn dull mor angerddol ag y medrwn i. Os byw, byw i'r eithaf. Cerddais o amgylch Cymru gyfan, siwrne o fil o filltiroedd – nid i gyd ar unwaith, ond fel y medrwn; roeddwn yn rhannol gyfrifol am ddau o blant ifainc. Cerddais a cherddais, meddyliais a thrafodais; dywedais fy stori wrth bawb oedd yn fodlon gwrando. Roedd hynny'n rhan bwysig o'r broses o wella. Roedd yn rhaid dweud y stori drosodd a throsodd, fel hwiangerdd, tan aeth y bwgan oddi mewn i drwmgwsg. Yn yr un modd ag y mae pob cenedl yn ailadrodd ei mythau canolog er mwyn bodoli, roeddwn innau hefyd yn adrodd ac yn ailadrodd fy myth fy hun. Onid dyna yw bywyd ei hun – cyfres o anecdotau, ceinciau bach yn ein Mabinogi ein hunain?

Sgwennais nifer o lyfrau bach od; yn wir, doeddwn i ddim yn deall pa mor od oeddwn i tan i mi sgwennu llyfr. Mae cyhoeddi llyfr fel codi drych i weld eich enaid eich hun.

Roeddwn yn 50 mlwydd oed pan es i'r clogwyni mawr ym mhen draw'r byd, a bu bron i mi gwympo i'r dyfnderoedd. Ond nid dewrder achubodd fi, nage wir. Y gwir ydi 'mod i'n gachgi, a dyna achubodd fi; pan welais y perygl enbyd a wynebwn, ffois am fy mywyd, ac mi rydw i dal wrthi'n rhedeg!

Wel, cerdded ydw i bellach – fel sy'n weddus i ddyn reit hen efo *pacemaker* a diabetes. Ond wedi cael byw, es yn chwil gaib ar brydferthwch Cymru a dedwyddwch fy mywyd bach syml. Cerddais ar draws Cymru ddeuddeg gwaith, ac rydw i'n dal i gerdded i rywle bob dydd. Dyna sut yr wyf yn mwynhau bywyd – yn cerdded, yn edmygu natur ac yn mwydro pobol ar y ffordd. Fi ydi capten tîm mwydro Cymru bellach, yn dal yn chwil ar hapusrwydd. Rwy'n tynnu lot o luniau hefyd, cronicl o fy mywyd yng Nghymru Fach.

'Staircase moment' yw'r ffordd y mae sgwenwyr eraill wedi disgrifio'r awr dyngedfennol pan mae alcoholig yn gweld bod yn rhaid iddo newid ei fywyd, neu farw (os nad yw hi'n rhy hwyr yn barod). Hynny yw, y foment dach chi'n dod i waelod y grisiau ac yn gweld na fedrwch chi ddim mynd yn is. 'Epiphany' ydi'r gair arall sy'n berthnasol.

Daeth y foment honno i mi ar noson ola'r flwyddyn yn 2001. Roedd dathliadau Hogmanay wedi dechrau ar y teledu ac roedd niferoedd yn chwil racs, a minnau'n sobor mewn gwely yn yr ysbyty. Clywais glychau Big Ben yn canu ar y teledu yn y *day room*, a thân gwyllt yn rhychu'r awyr uwchben.

Dyna'r foment pan amneidiodd doctor tuag at giwbicl – roedd o am fy mhrocio i unwaith eto, ac roeddwn i wedi dechrau ofni'r profiad. Teimlodd fy mol i, a deuthum i ben y siwrne fel alcoholig.

Y ffaith ydi fod pawb yn gwneud sawl dewis bob dydd: pa grys i'w wisgo, be i'w fwyta ac yn y blaen; gwnawn gannoedd o benderfyniadau felly bob dydd heb feddwl, bron. Ond i alcoholig ar ben ei siwrne does ond un dewis ar ôl – penderfyniad hollol syml, du a gwyn. Ydi o'n mynd i aros uwchben y tir, 'ta ydi o'n mynd oddi tano?

Penderfynais yn y fan a'r lle 'mod i am roi'r gorau i alcohol os nad oedd hi'n rhy hwyr – ond yfwn fy hun i farwolaeth os dywedai'r doctoriaid 'mod i wedi niweidio fy hun ormod i gael byw. Roeddwn wedi blino ar fod yn sombi beth bynnag; ers misoedd lawer bellach roeddwn i wedi byw yn y gors niwlog sydd yn gartref i'r alcoholig ar ddiwedd ei daith. Roedd pob bore wedi bod yn hunllef: brwydr i gadw rhywfaint o fodca i lawr am ychydig eiliadau, digon o amser iddo gael effaith cyn dod i fyny'n ôl eto... Rydw i'n dal i gofio'r teimlad o chwŷd-blas-fodca cynnes yn llifo drwy fy mysedd.

Dyn lwcus fues i erioed – lwcus yn fy nheulu, fy ffrindiau, ac yn y pethau bach. Cawn fyw, meddai'r doctoriaid, os rhown y gorau i'r stwff. Dyma oedd byrdwn eu neges:

"Dach chi wedi bod yn uffernol o lwcus, Mr Jones. Dach chi wedi waldio'ch corff ac wedi niweidio'ch iau yn ofnadwy – dyna pam dach chi'n felyn. Ond rywsut, dach chi wedi osgoi'r lladdwyr mawr, canser a *cirrhosis*. Os rhowch chi'r gorau iddi rŵan, cewch fyw. Mae'r iau yn organ anhygoel, mae'n medru atgyweirio'i hun. Nid pawb sy'n cael ail gyfle fel chi – gwnewch y gorau ohoni!"

A dyna fu. Euthum i fyw mewn gwesty ym Mhenmaen-mawr o'r enw The Silver Lining. Dyna i chi enw da! Nef bach fy hun. Roeddwn yn eitha gwantan ar y dechrau ond ymhen ychydig fisoedd roeddwn i ar fy ffordd i fywyd newydd.

Ers hynny rydw i wedi *byw*, nid wedi *bod* yn unig. Rydw i wedi trafaelio – i Siapan ac India, dros Ewrop i gyd, efo'r plant ran amlaf. Rydw i wedi sgwennu nifer o lyfrau yn y ddwy iaith. Rydw i wedi tynnu miloedd o luniau ac wedi mwydro miloedd o bobol. Ac rydw i wedi bod yn hapus. Do, rydw i wedi bod yn hapus dros ben. Mae'r anghenfil barus oddi mewn wedi distewi.

A dyma fi, yn dod i ddiwedd bywyd. Be wnaeth fi'n alcoholig? Wel, roedd fy nhad a fy nhaid yn alcoholics; hwyrach fod 'na wendid yn y teulu. Hwyrach 'mod i wedi 'dysgu' sut i fod yn alcoholig drwy fyw efo alcoholig – mi fues yn byw ar fy mhen fy hun efo fy nhad honco am bron i ddegawd. Roedd Mam, fy chwaer a fy mrawd yn byw dair milltir i lawr y lôn, ar wahân. Welais i mo Mam am bron i ddeng mlynedd, cyn dianc o'r fferm yn bymtheg oed. Mi fues yn Ysbyty Gobowen am dros flwyddyn, wedi fy strapio i ffrâm haearn, pan oeddwn i'n grwt; hwyrach fod anhrefn a dryswch fy ieuenctid wedi gormesu f'ysbryd am amser hir wedyn. Erbyn y diwedd roeddwn i wedi bod yn yfwr am ddeugain mlynedd: y dafarn oedd fy myd i, a dichon fod fy nghorff wedi mynd yn raddol ddibynnol ar gwrw. Roedd gennyf ddigon o bres i ddifa fy hun, ac mae hynny'n ffactor hefyd ym mywyd lot o rai eraill yn y byd modern. Rydym yn byw yn fras mewn amser o ddigonedd. Ac mae swildod a stres yn ffactorau pwysig hefyd.

Wedi trafod hyn oll efo nifer o adar o'r unlliw, rwy'n

deall fod canol oed – tua'r hanner cant 'ma – yn gyfnod tyngedfennol. Fedrith y corff ddim dygymod â chymaint o ddiod. Rhaid penderfynu be i'w wneud. I lawer, bydd plentyndod yn dal i fyny efo nhw. 'Dan ni'n delio efo dechrau gwael mewn bywyd drwy edrych i ffwrdd. Ond am ryw reswm mae'r craciau bach sydd wedi bod yno drwy'r amser yn agor i fyny ac yn bygwth awyren ein bywyd, fel *metal fatigue.*

Fy neges i yw: gwnewch o! Mae o werth o. Gwnewch o er eich mwyn chi'ch hun, yn hytrach na cheisio plesio eraill, er bod gweld eich teulu a'ch ffrindiau yn ailymddangos o niwl eich bywyd – efo gwên ar bob wyneb – yn bwysig hefyd. Bydd yn rhaid newid rhai pethau, os oes modd. Efallai y bydd yn rhaid newid cartref, neu swydd, neu hyd yn oed ffrindiau. A bydd yn rhaid cael cwest o ryw fath. Rhywbeth i anelu ato, dim ots pa mor ddibwys.

Ewch amdani, gyfeillion! Mae llonyddwch a mwyniant yr ochr arall yn cyfiawnhau tipyn bach o boen ar y dechrau. Synnech chi pa mor hawdd ydi'r siwrne. A pheidiwch â digalonni os na lwyddwch y tro cyntaf.

Dewch o'na, rwy'n disgwyl amdanoch chi…

(*Rwy'n disgrifio fy mywyd fel alcoholig, a phethau eraill, yn fy llyfr* When I'm 64 *(Kindle yn unig).*)

If you're happier sober,
you don't 'deserve' a drink.
You deserve not to have a drink.

Catherine Gray, awdur

SGRIBLO'N SOBOR

Owain Williams

Os ti'n cael un, man a man cael dau.
Un arall. UN arall. Beth am botel? Pam lai?
'Lawr â hi! 'Co ni off!' 'Cer am ddwbwl!' 'Paid â jibo!'
Colli cerdyn, colli 'mynedd, colli rheswm, ffaelu cofio.

Cleddyf o fwg a diod yn darian,
Parti llawn pobol ond cwmni mewn cwpan.
Y glygian, y gwichian, y sipian, y clincian…
Rownd-a-rownd y rownds a'r caniau'n gwneud can-can.

Y gwydrau yn gwagio dy gyfrif,
Yr hwyr yn heneiddio dy iau,
A'r hwyl sydd i'w cael yn yr hylif
Yn llifo yn llai ac yn llai.

Dathlu hyn a dathlu'r llall,
Hanner gwag a chwarter call,
Siotsen o siom a'r awch yn arafu…
Blinder y bore. Diferion difaru.

OND…

Mae bywyd *sych* yn fywyd gwych:
Bodlon 'da'r cwmni, a derbyn y drych.
Trwy sobri a sychu a chorcio'r poteli
Hanner llawn yw'r gwpan, sy'n dal i lenwi.

If you need booze or drugs
to live life to your fullest,
then you're doing it wrong.

Robin Williams

SOBOR: ACT 1-5

RHIANNON BOYLE

Fel awdur a dramodydd, dwi'n credu mewn strwythur stori dda, felly dwi 'di penderfynu sgwennu'r naratif yma mewn pum act... fel Sophocles, Shakespeare a Spielberg.

Act 1: Y Dyddiau Cynnar

O'n i'n arddegwr yn y 90au. Oes raid dweud mwy? Hwn oedd cyfnod y *ladette* a *girl power* pan oedd disgwyl i ferched ddownio peints ac yfed mewn rownds gyda'r bois. Felly, dyna be 'nes i. A dach chi'n gwbod be? Y rhan fwyaf o'r amser, o'dd o'n lot o hwyl.

Symudais i o Ynys Môn i Gaerdydd i fynd i goleg drama yn 1996. A gyda 'mhen yn llawn breuddwydion a chyfrif banc yn llawn pres – "Hello, student loan!" – es ati i ffurfio fy hunaniaeth fel partïwr, 'uffar o hogan' a rhywun o'dd byth yn gwrthwynebu mynd i'r dafarn.

O'dd y rhain yn ddyddia da.

Tymhora llawn cyffro, hwyl, clybio, dawnsio, snogio a chwerthin. Fi oedd y cynta i gyrraedd parti a'r ola i adael,

95

fel arfer. Mi oedd 'na adega tywyll, wrth gwrs. Nosweithia lle o'n i'n rhoi'n hun mewn perygl. Methu cofio sut es i adra, cysgu efo ryw foi diarth neu ffeindio'n hun mewn sefyllfa doji. Ond o'dd yr antics yma wastad yn gwneud stori dda. Yn gwneud i bobl chwerthin. Ac eniwe, o'dd y cywilydd a'r *hangovers* yn atgof pell pan oedd y sesiwn fawr nesa ar y gweill.

Act 2: Y Digwyddiad

Ond wedyn digwyddodd rhywbeth ofnadwy ac mi newidiodd popeth. Ar ôl gadael y coleg symudais i mewn i fflat yn Grangetown gyda ffrind. O'n i'n sgint ac yn gweithio oria hir, anghymdeithasol, mewn bar i dalu'r rhent. O'dd petha'n shit, a bod yn onest, ac o'n i 'di dechra sylwi bod y rhan fwya o'r bobl o'n i'n arfer partïo efo nhw wedi dechra slofi i lawr. Aeddfedu. Setlo. Ffeindio gyrfa. Ond nid fi. Os rwbath, o'n i'n yfed mwy nag erioed, ac o'dd y nosweithia peryglus a'r *blackouts* yn digwydd yn fwy a mwy aml.

Un noson, mewn tafarn yn y dre, dyma ni'n cyfarfod gang o fechgyn o'dd mewn band. O'n i'n *sort of* nabod un ohonyn nhw achos roedd o 'di bod ar chydig o ddêts efo ffrind i mi. O'n i'n ffansïo un o'r lleill, 'di ca'l snog efo fo rywbryd neu'i gilydd pan o'n ni allan yn clybio.

O'dd y bechgyn 'ma'n gwd laff, yn yfed yn gyflym a ddim isio stopio. Felly, ar ôl y gloch *last orders* – wedi yfed rhyw hanner dwsin o beints – dyma fi'n eu gwahodd nhw'n ôl i'n fflat ni i bartïo mwy. Aeth y ferch o'dd yn byw efo fi i'r gwely, gan fod ganddi waith y bora wedyn, ond 'nes i aros i fyny yn yfed fodca a smocio sbliffs efo nhw tan oria mân y bora.

Aeth hi'n flêr.

Ma petha'n niwlog wedyn, ond ar ôl noson hir o yfed a smocio *joints* dechreuais i deimlo'n reit sâl. Dwi'n cofio baglu a syrthio i lawr y landing i'r tŷ bach a chwydu dros y lle i gyd. Ar y llawr, ar y walia, ar fy nillad. Gadawais i'r bechgyn diarth yn partïo yn y lolfa, ac es i i fy stafell a stripio nes o'n i'n noeth. Es i'r gwely. Roedd y stafall yn chwyrlïo a finna'n chwil gachu. Syrthiais i gysgu…

… Dyma fi'n deffro. Tywyllwch. Oedd 'na rywun arall yna? Pwy oedd…? Lle ydw i? Pwy sy…? Rhywun yn cusanu fi? Blas mwg. A chŵd… a… y bachgen dwi'n ffansïo? Ocê. Wel, falla bod hynny'n ffain… neu… Ydi o yn y gwely efo fi? Dwylo. Dwylo yn cyffwrdd yndda i. Bysedd yn symud i lawr. Tu mewn i mi rŵan. Na. Na, dwi ddim isio… *Hang on*, pwy ydi o? Nid y bachgen dwi'n ffansïo ond y boi arall. Yr un sydd i fod yn mynd efo ffrind i mi. Shit. Na… stop… ffyc…

Ar ôl i mi ffeindio'r gola a sylwi beth oedd yn digwydd, dyma fi'n gwisgo *dressing gown* a thaflu'r bechgyn allan. Ro'dd y parti ar ben. Dwi'n eu cofio nhw'n chwerthin arna i wrth adael. Y slag. Y llanast. Y partïwr.

Yr 'uffar o hogan'.

Do'dd honna ddim yn stori ddoniol i'w hadrodd y diwrnod wedyn.

Dwi'n cofio crio fatha babi efo'r ferch o'n i'n byw efo hi.

"I'm so worried about you," meddai. "You keep putting yourself in danger and I'm worried how it's going to end up."

O'dd angen i mi gael help.

Act 3: Therapi

Dyma'r doctor yn penodi cwnselydd alcohol i mi drwy'r NHS. Wyth sesiwn am ddim, bob dydd Mercher mewn swyddfa fach, dywyll yn yr hen Infirmary ar Newport Road. Enw'r cwnselydd oedd Shandi – eironig 'ta be?

Mae Shandi yn ffeind ac yn dyner. Tydi Shandi ddim yn barnu. Tydi hi ddim yn edrych i lawr ei thrwyn arna i. Dwi'n deud popeth wrthi ac mae hi'n gwrando. Dwi'n disgwyl y bydd yr atebion i gyd gan Shandi. Dwi'n meddwl y bydd hi'n mendio fi. Trwsio fi. Ond, wrth gwrs, dydi petha ddim mor syml â hynny. Dwi'n siarad am fy mhlentyndod – Mam a Dad yn ysgaru oherwydd ei broblem yfed, cael fy mwlio yn yr ysgol, a Nain a'i chaethiwed i gyffuria presgripsiwn. Er nad ydi'r atebion i gyd ganddi, mae hi'n cydnabod bod 'na lot o drawma. Mae hyn yn helpu. Mae'n helpu LOT.

"You've had a tough time," meddai.

Mae hi'n fy helpu i i shifftio fy meddylfryd a newid fy

mherthynas gydag alcohol. Hyd yma, dwi 'di bod yn yfed er mwyn bod y mwya chwil. Dyna oedd y nod – bod mor *pissed* ag y gallwn i.

"Why?" mae hi'n gofyn.

"Because it's fun," dwi'n ateb.

"But the nights you've described don't sound like much fun. You throw up, you fall over and get hurt, you lose your belongings and you don't remember huge parts of your night. You tell me your hangovers are unbearable. Is it really fun?"

"Maybe because it's funny and I like making people laugh."

Dwi ddim yn siŵr am hynny ddim mwy.

"For how long do you want to be the clown? The one in the gutter who everyone is laughing at? Do you think that maybe they like it because it makes them feel better about themselves? About their own destructive habits?"

Dwi'n beichio crio pan mae hi'n deud hyn. Mae hi'n iawn. Dwi'n penderfynu 'mod i ddim isio bod y person yna ddim mwy. Dwi'n gadael y dafarn lle dwi'n gweithio ac yn cael swydd tempio mewn swyddfa. Dwi'n rhoi cais i mewn i ddechra cwrs ymarfer dysgu i fod yn athrawes ddrama. Dwi'n cyfarfod fy ngŵr a dwi'n syrthio mewn cariad.

Dwi'n hapus.

Ar ôl misoedd heb yfed, dwi'n meddwl: 'Siawns alla i ei reoli fo rŵan?' Dwi'n dal yn ifanc (ugeiniau hwyr). Mae pawb arall yn yfed a dwi'n teimlo weithia 'mod i'n colli allan ar yr hwyl. Bydd petha'n wahanol y tro hyn. Mae gen i agwedd hollol newydd tuag at alcohol. Dwi'n penderfynu bod yn un o'r merched sidêt 'na sy'n sipian dau wydryn bach o win ac wedyn yn stopio ac yn yfed dŵr, a mynd adra i'r gwely cyn i'r Uber droi'n bwmpen. A dach chi'n gwbod be? Y rhan fwya o'r amser, mi oeddwn i'n gallu yfed fel hyn.

Ond weithia… weithia mi oedd rwbath yn dod drosta i ac ro'dd yr awydd i yfed gwydryn arall, ac un arall ac un arall, mor gryf nes o'n i'n ffeindio'n hun yn yfed i'r pwynt o'n i mewn llanast llwyr. Ac erbyn hyn mi oedd gen i yrfa dysgu, gŵr a phlant. Do'n i ddim mor ifanc (tridegau) ac felly roedd yr *hangovers* a'r *anxiety* yn para am wythnos yn lle diwrnod. Y peth gwaetha oedd yr euogrwydd pan o'n i ddim yn gallu codi i edrych ar ôl fy mhlant y bora wedyn.

Er hyn i gyd, dwi ddim yn gallu dychmygu bywyd heb alcohol. Dwi'n cysuro fy hun drwy gofio nad ydi'r nosweithia yma'n digwydd yn aml. Unwaith bob tri mis falla?

Mae ffrindia a theulu yn deud:

"Paid â phoeni, ma mamau'n gorfod cael *blow out* bach bob hyn a hyn, tydyn?"

Neu:

"Don't worry, you're such a happy drunk. You were lush, no harm done!"

Ac:

"It's fine, my kids watched two films on Netflix last Sunday because I was so hungover. They loved it!"

Felly, dwi'n cario mlaen fel ydw i.

Act 4: Y Dyddiau Tywyll

Ond wedyn mae bywyd yn taflu shit ata i. Eitha lot o shit, a bod yn deg. Dwi 'di gadael dysgu erbyn hyn a dwi'n gweithio fel awdur. Mae dechra gyrfa o'r newydd yn anodd. Mae gen i ddau o blant dan ddwy oed ac mae hynny hefyd 'di bod yn slog. Yna, un diwrnod, ma'n llysfam annwyl yn cael diagnosis o *Stage Four Lymphoma*. Mae hi'n dechra cemo eitha dwys ac mae hi'n sâl iawn. Ar y ffordd adra o'r ysbyty mae'r gŵr a'r plant a finna'n cael damwain car erchyll a 'dan ni i gyd yn gorfod mynd i A&E. Pythefnos wedyn mae Dad – sydd wedi bod yn dioddef o MS ers deg mlynedd ar hugain – yn marw o niwmonia. Mis wedyn mae partner un o'm ffrindia gora yn marw o ganser y coluddyn. Chydig o fisoedd wedyn mae Grandad fi'n marw.

Mae'n teimlo fel tasa'r bydysawd wedi 'nghnoi fi i gyd, llyncu fi a chwydu fi allan. Dwi'n teimlo fel taswn i'n diodde o PTSD, nid yn unig oherwydd y ddamwain ond hefyd ar ôl gwylio fy nhad yn marw. Dwi'n cael hunllefa ofnadwy. Dwi'n poeni am fy llysfam a'i hiechyd, er ei bod hi'n well. Dwi'n galaru. Dwi'n flin a dwi'n drist dros y ffrind sydd wedi colli ei phartner. Dwi ar goll a dwi'n teimlo mor drist. Ond er hyn i gyd, dwi'n gwenu pan mae pobol yn gofyn:

"Sut wyt ti?"

A dwi'n deud:

"O, ti'n gwbod, ma petha 'di bod yn anodd ond dwi'n ffain."

A dwi'n cario mlaen a cheisio côpio, er mwyn y plant, a'r teulu achos… wel, mae bywyd yn mynd yn ei flaen, 'tydi?

Ond mae un ffrind yna i afael yn fy llaw…

Alcohol.

Dwi ddim jyst yn yfed ar nosweithia allan rŵan, dwi'n yfed yn y tŷ. Dwi'n yfed tua pump noson allan o saith, a dwi'n dechra wrth goginio te i'r plant tua pump o'r gloch. Dydi gwydraid neu ddau ddim yn ddigon rŵan. Dwi'n yfed y botel i gyd. Weithia, pan mae'r botel yn wag, dwi'n cael jin bach (mawr) neu ddau wedyn hefyd. A dwi ddim rili'n teimlo'n chwil wrth fynd i'r gwely. Dwi'n dal i allu codi efo'r plant am saith bob bora a mynd â nhw i'r ysgol ac i wersi nofio, a golchi eu dillad, a choginio pryda ffres, iachus, a darllen iddyn nhw bob nos.

Ar yr wyneb, dwi'n ymdopi. O'r tu allan, dwi'n hollol ffain…

Ond tu fewn mae petha'n wahanol iawn. Tu fewn mae gen i *anxiety* ofnadwy a meddylia tywyll yn mynd rownd a rownd. Pan dwi'n deffro yn y bora, mae'r teimlad o iselder yn affwysol. Dwi ddim isio codi, a dwi'n gofyn:

"Be 'di'r pwynt? Be 'di pwrpas hyn i gyd?"

Dwi'n teimlo mor anhapus. Ond pan dwi'n edrych ar be sy gen i ar bapur – tŷ moethus, plant iach a gorjys, gŵr sy'n fy ngharu, ffrindia ffyddlon – dwi ddim yn deall pam dwi'n teimlo fel hyn. Dwi isio i'r teimlada 'ma stopio. Dwi'n dechra meddwl am farwolaeth ac am hunanladdiad. Mae'r llais negyddol, cas yn fy mhen yn fy mlino fi'n lân.

Dwi'n teimlo mor unig.

Ac wedyn dwi'n cael un *binge* olaf. Sesh, a dwi'n methu cofio dod adra. Dwi'n ffraeo efo'r dyn tacsi a dwi'n deffro'r cymdogion. Dwi'n ddeugain oed erbyn hyn. Y bora wedyn dwi'n methu codi i fynd â'r plant i'r ysgol ac mae'r *hangover* mor ofnadwy nes ei fod o'n gwneud i mi fod isio marw.

A dwi'n meddwl…

Dim mwy.

Felly, dwi'n stopio.

Act 5: Y Goleuni

Doedd stopio yfed ddim yn hawdd. Ddim o bell ffordd. Ar y dechra dwi'n taflu'n hun i mewn iddo fo. Dwi'n darllen lot o flogia a llyfra *quit lit* ac yn gwrando ar bodlediada am stopio yfed alcohol. Dwi'n creu blog fy hun i sgwennu am y peth, ac mae hyn fatha therapi. Dwi'n dechra dilyn lot o bobl sobor ar Instagram. Dwi'n prynu lagyrs dialcohol a dwi'n eu hyfed nhw am bump o'r gloch i dricio'r ymennydd i feddwl 'mod i'n cael drinc. Dwi'n byta bwcedi o siocled a phetha melys i geisio trîtio fy hun yn lle agor potel. Dwi'n teimlo'n fregus a dwi'n crio lot. Dwi'n teimlo bod y teimlada o dristwch a galar dwi 'di bod yn eu masgio i gyd yn dod i'r wyneb. Yn gorlifo allan ohona i fatha swnami. Mae ffrind gora i mi – sydd hefyd â phroblem yfed – wedi rhoi'r gora i alcohol tua pum mis yn gynt. Dwi'n ei ddefnyddio fo fatha cwnselydd a dwi'n siarad efo fo bob dydd. Mae o'n gafael yn fy llaw a 'dan ni'n cymharu profiada a theimlada. Mae o fatha craig gadarn yng nghanol y storm. Mae'r holl beth yn anodd. Yn andros o anodd.

Ond yna, ar ôl tua cant o ddiwrnoda, mae'r cymyla'n pylu. Mae'r pryder a'r meddylia tywyll yn diflannu. Dwi'n cysgu'n well. Dwi mewn hwylia gwell. Dwi'n well mam, merch, gwraig a ffrind. Mae gen i fwy o egni a dwi'n fwy ystyriol a phresennol. Dwi'n llai blin ac yn fwy amyneddgar. Dwi'n bwyta'n well, dwi'n gwneud mwy o ymarfer corff a dwi'n rili, rili hapus. Mae gen i hyder, hunan-barch a gobaith. Mae fy ngyrfa sgwennu ar i fyny. Dwi'n ennill gwobr Awdur Preswyl Cymru. Dwi'n cael comisiwn gan Radio 4, Sianel 4, y BBC, a grant i ddatblygu drama lwyfan newydd sbon.

Dwi ar dân!

Heddiw, wrth sgwennu hwn, dwi heb yfed ers…

blwyddyn, dau fis, un deg pedwar diwrnod, ugain awr a phedwar deg dau o funuda... nid 'mod i'n cyfri (winc). A gesiwch be? Dwi erioed 'di bod mor ddedwydd, mor bositif, hapus a llwyddiannus. A hyn i gyd *heb* alcohol! Cyn i mi stopio, o'n i'n methu dychmygu bywyd heb alcohol a rŵan... rŵan, dwi'n methu meddwl am fywyd *efo* fo.

Felly dyna ni, diwedd fy stori. Hapus byth bythoedd? Pwy a ŵyr. Dwi'n siŵr y bydd bywyd yn taflu shit ata i eto, ond heb alcohol, dwi'n hyderus y galla i oroesi unrhyw beth.

The thing is, if I don't have sobriety,
I don't have anything.
Matthew Perry, actor

TA-TA, ALCOHOL!

Iwan 'Topper' Evans

Ma hi bellach bron yn flwyddyn a hanner ers imi benderfynu rhoi'r gora i yfed. Mi oedd y penderfyniad yn un hawdd, ond ma pob syniad yn 'hawdd'; y peth anodd ydi gweithredu'r syniad.

A bod yn onest, o'n i wedi bod isio rhoi'r gorau iddi ers blynyddoedd. Doedd cael 'un bach' ar ôl gwaith neu gwpwl o beints efo'r hogia ddim yn bleser mwyach. Mi oedd pob 'un bach' ar ôl gwaith yn troi'n chwech neu wyth, neu hyd yn oed yn fwy na hynny lot o'r amser! Mi oedd pob peint a phob swigiad erbyn y diwedd yn ennyn teimlad o euogrwydd, siom ac unigrwydd.

Pan o'n i yn fy arddegau, a phawb o fy ffrindia ysgol yn dechra yfed seidr yn 16 oed, dwi'n cofio casáu'r blas a chasáu'r teimlad o fod yn chwil. Mi faswn i'n osgoi bod yn y partis lle ro'n i'n teimlo pwysau i yfed. A bod yn onest, smocio pot oedd fy mhetha i! Pan o'n i'n hogyn ifanc, faswn i rioed wedi dychmygu bod yn y sefyllfa dwi ynddi rŵan.

Dwi'n un o dri o hogia, a finna yn y canol rhwng fy mrawd mawr, Dylan, a fy mrawd bach, Dyfrig. Mi oedd ein magwraeth yn un normal ym Mhen-y-groes, oedd yn bentref digon distaw. Fel tri brawd tua'r un oed, mi oedd ein perthynas yn un agos iawn. Pan o'n i'n 16 a Dyfrig yn 15 naethon ni ddechrau band, Paladr, efo ffrind o'r un flwyddyn ysgol â Dyfrig, Pete. Aethon ni ati i ddysgu sut i chwarae offerynnau a threulio unrhyw amser sbâr yn ymarfer a sgwennu caneuon. Tra oedd pawb arall o fy ffrindia ysgol yn mynd allan i yfed, roeddan ni yn y clwb ieuenctid yn creu miwsig.

Mi drodd Paladr i fod yn Topper, ac fe gawson ni 5/6 mlynedd lwyddiannus iawn. Fe ddoth y partis a'r nosweithiau gwallgo law yn llaw efo hynny. O'n i'n berson reit swil a nerfus, felly mi oedd y lagyrs yn hwb i fi gan fod gen i anhwylder gorbryder cymdeithasu (*social anxiety*). Ond wedi deud hynny, do'n i'n dal ddim yn yfwr mawr bryd hynny chwaith, a deud y gwir; fel dudis i'n gynharach, smocio pot oedd fy mheth i.

Mi ddoth Topper i ben yn y 2000au cynnar, tua'r un adeg ag roedd fy mrawd mawr, Dylan, yn priodi. Aeth Dyfrig i fyw i'r Alban, a Dylan i fyw i Dregarth. Mi oedd ein tŷ ni yn lle gwahanol iawn wedyn, ar ôl i ddau o fy ffrindia gora adael.

O'n i wastad wedi bod yn diodda efo iechyd meddwl – roedd gen i iselder a gorbryder ofnadwy. Mi oedd bod heb fy mrodyr yn ergyd, ac mi oedd gen i lot o amser i mi fy hun a lot gormod o amser i feddwl.

Dwi'n cofio dod o hyd i focs o gania Guinness mewn cwpwrdd yn hen stafell Dylan. Bocs o Guinness roedd Yncl Dic wedi'i brynu imi fel anrheg Dolig y flwyddyn cynt. Dwi'n cofio estyn un o'r bocs, ac er 'mod i'n casáu Guinness mi agorais i'r can. 'Nes i ddechrau swigio'r Guinness ac roedd gas gen i bob cegaid. Dyna'r tro cynta un imi ddechra yfed er mwyn anghofio ac anwybyddu'r trafferthion yn fy mhen. Dwi'n cofio meddwl imi fy hun, "OMG, dwi'n rêl alci yn yfed Guinness ar fy mhen fy hun yn fama." Dyna ddechrau ar yr yfed fel hunanfeddyginiaeth. Roedd o'n deimlad trist ac unig, a theimlad 'mod i wir yn methu diodda fy hun.

Mi oedd fy iselder ar ei waetha yr adeg honno; doedd gen i ddim hunan-barch, felly dyma fi'n dechrau ar y *self-destruct mode*. Dros y blynyddoedd, dyna oedd y norm i fi. O'n i wir yn casáu fy mywyd ac, yn waeth byth, yn casáu fy hun.

Mi ddechreuais i fynd i'r pybs yn ystod y dydd, ar fy mhen fy hun. Un o'r rhesymau am hynny oedd 'mod i'n unig, yn chwilio am rywle lle faswn i ddim ar fy mhen fy hun. Yn amlwg wedyn ti'n dod i nabod pobl eraill oedd yn byw a bod wrth y bar ac yn dod o hyd i *drinking partners*. Ond eto, er 'mod i yng nghwmni pobl eraill, mi oedd y teimlad o unigrwydd yn gwaethygu. O'n i'n gweld fy hun yn ymbellhau oddi wrth fy ffrindia 'go iawn' – i guddio'r ffaith 'mod i mewn twll tywyll, siŵr o fod. O'n i'n gwbod 'sa un o'r hogia, fy ffrindia go iawn, yn trio stopio fi. Ond mi oedd y botwm *self-destruct* wedi'i wasgu'n galad, ac ar y pryd o'n i'n mwynhau ei bwsio.

O'n i mewn ac allan o wahanol swyddi am flynyddoedd, yn methu cadw'r un swydd yn hir iawn. Pan o'n i'n dechra mewn swydd newydd o'n i'n teimlo'n grêt ac yn cynnig 100% i bob un. Mi oedd yr yfed yn stopio am gyfnod bryd hynny. Ond ar ddiwedd pob mis roedd hi'n amser cyflog, a be ti'n ei neud ar ôl cael cyflog? Wel, dathlu efo peint 'de! Ond fel o'n i ar y pryd, doedd cwpwl o beints ddim yn ddigon, nag oedd. Roedd yn rhaid i fi aros allan tan o'n i wedi gwario pob un geiniog y tu ôl i'r bar. Mi oedd un noson yn troi'n ddeuddydd, a deuddydd yn troi'n bedwar diwrnod. Er 'mod i'n gwbod yn iawn pryd ddylwn i fod wedi stopio a mynd adra, roedd gen i lais y diafol yn fy mhen yn deud wrtha i, "Pam stopio? Caria mlaen!" Dyna 'nes i – cario mlaen tan imi wario fy mhunt ola. Doedd dim otsh gen i 'mod i'n gadael pobl i lawr, dim otsh gen i 'mod i i fod yn ôl yn fy ngwaith ddoe. O'n i'n teimlo'n afiach o berson hunanol. Roedd y patrwm yma'n beth arferol dros y blynyddoedd. Fy unig ffrind a fy unig bwrpas mewn bywyd oedd alcohol.

Dros y deng mlynedd dwytha roedd petha ar eu gwaetha: colli swyddi, colli ffrindia, a fy nheulu'n penderfynu golchi'u dwylo ohona i. Dwi'n gweld dim bai arnyn nhw am hynny. Dwi'n cofio colli fy nhrwydded yrru ac o'n i'n ddigartref am gyfnod. O'n i mewn lle tywyll iawn ac mor isel nes o'n i isio i fy mywyd ddod i ben. Doedd gen i ddim byd! Roedd pethau mor ddrwg yn fy mhen nes o'n i methu gweld tua'r dyfodol.

Yn 2016 fe ges i fy ngyrru i ysbyty iechyd meddwl ym Manceinion. Roedd petha cynddrwg yn fy mhen fel 'mod i'n teimlo mai'r unig ffordd allan o'r boen oedd darfod fy mywyd. Dwi'n falch i'r heddlu gyrraedd y fflat pan naethon nhw a fy anfon i'r ysbyty. Treuliais i bedwar mis mewn uned iechyd meddwl a dyna'r profiad mwyaf ofnus imi ei brofi rioed. Roedd y lle yn ffycin *scary*! Ond wedi deud hynny, ges i bedwar mis o ofal dwys i fy helpu efo fy iechyd meddwl a phedwar mis o beidio yfed. O'n i heb lwyddo i fynd bedwar diwrnod heb yfed bryd hynny, heb sôn am bedwar mis. Ddes i allan yn teimlo fel person newydd. O'n i 'di dechra licio fy hun eto – llechan lân, os lici di.

Ar ôl pedwar mis yn yr ysbyty ac wedi cymodi efo fy nheulu a dechrau ar fy mywyd newydd, doedd hi ddim yn hir cyn imi droi at alcohol eto. O'n i'n meddwl, gan 'mod i'n well, fasa 'peint bach' ddim yn gneud dim drwg. Ond sydyn iawn ma'r hen batrymau'n ailgodi. Un peint yn troi'n bedwar a phedwar peint yn troi'n wyth ac yn amlach na dim, wyth yn troi'n fwy! *Same old, same old…*

Er, y tro yma, 'nes i lwyddo i gadw swydd, yn gweithio

fel *chef*. Fel ma pawb yn gwbod, ma'r swydd yn un eitha *stressful*. Felly'r munud o'n i'n gorffen fy shifft, o'n i'n mynd yn syth at y bar i gael peint... Un peint yn mynd yn ddau, dau beint yn mynd yn bedwar a phedwar yn mynd yn wyth a.y.y.b.

Buan iawn 'nes i ddechra deffro bob bore efo'r *hangovers* afiach a'r iselder unwaith eto. Aeth hyn yn ei flaen am dros flwyddyn. O'n i'n deffro'n teimlo'n shit, yn gweithio trwy'r dydd, a'r unig beth oedd yn fy nghadw i fynd oedd gwbod gawn i beint ar ôl gorffen. O'n i'n casáu fy hun am fynd yn ôl i'r un hen rwtîn.

Yn y diwedd fe chwythodd rwbath yn fy mhen. Ddoth y teimlad o fod yn siomedig ynof fy hun yn ei ôl ac roedd gas gen i mai cwrw oedd yr unig beth oedd ar fy meddwl.

Erbyn Medi 2018 roedd y cwrw wedi cael y gora arna i, wedi cydio ynddo i ac o'n i yn ôl yn y lle tywyll 'na. Do'n i ddim isio cario mlaen os mai fel'ma oedd fy mywyd am fod. Es i i'r ysbyty ym Mangor ar fy liwt fy hun i erfyn arnyn nhw am help. Ges i le ar y ward iechyd meddwl a 'nes i gyfadda i fy hun am y tro cynta rioed fod gen i berthynas afiach efo cwrw, fod gen i 'broblem alcohol'.

Fe ges i fy rhyddhau o'r ysbyty y mis Tachwedd canlynol, ac wedi cyfadda bod gen i broblem cwrw 'nes i benderfynu mai digon oedd digon a rhoi'r gorau i yfed yn gyfan gwbl. Dydi hi ddim wedi bod yn hawdd o bell ffordd, yn enwedig pan wyt ti wedi bod yn yfed bob dydd, fwy neu lai, ers ugain mlynedd. Ma cwrw ym mhobman dach chi'n mynd. Pan dach chi'n mynd allan am fwyd neu'n mynd i gìgs, ma cwrw yna ac ma'n anodd ofnadwy trio aros yn gryf a pheidio â phlygu iddo. O wbod pa mor afiach ma cwrw'n gneud imi deimlo, ma peidio yfed yn *no brainer* erbyn hyn.

'Nes i lwyddo i ddianc o grafangau nerthol a brwnt y cwrw oedd yn fy nhynnu i le tywyll. Dwi rioed 'di teimlo'n well nag ydw i'n teimlo rŵan. Fydda i'n dal i feddwl am gwrw'n ddyddiol ac yn dal i freuddwydio'n aml iawn am gael 'un drinc'. Weithia dwi'n deffro mewn chwys oer yn poeni 'mod i wedi yfed ond yn teimlo rhyddhad o wbod mai dim ond breuddwyd drwg oedd o. Ma'r ugain mlynedd dwytha wedi bod yn hunllef uffernol, dim jyst i fi ond i'r bobl agosa ata i hefyd.

Dwi'n falch o fod yn sych rŵan ac yn ofnadwy o browd ohona i fy hun, a bod yn onest. Doedd cwrw rioed yn ffrind imi, a dwi ddim am adael iddo gael gafael arna i eto!

Ta-ta, alcohol…!

When I got sober, I thought giving up alcohol was saying goodbye to all the fun and all the sparkle, and it turned out to be just the opposite. That's when the sparkle started for me.

Brené Brown

NEITH O DDIM DIGWYDD I MI!

Carol Hardy

Fy magwraeth

Yn gynnar iawn yn fy mhlentyndod, yn f'arddegau ac yn f'ugeiniau, sylwais pa mor niweidiol oedd ymddygiad fy nhad annwyl o gwmpas ei syched diflino, dyddiol am beint! Roedd fy magwraeth ar aelwyd eitha cysurus ond cymharol dlawd wedi llwyddo, dan ddisgyblaeth ac arweiniad fy mam, i roi i mi a fy chwaer gymaint o gariad a gofal fel y medren ni fwrw mlaen efo'n bywydau, gan gyflawni a gwneud yr hyn roedden ni isio, yn hapus. Ond roedd yfed Dad yn llwyddo i greu tor calon a digalondid o fewn yr aelwyd, gan amlaf oherwydd "Does dim digon o bres i'w gael!" Bysa'r ffraeo i gyd yn troi o gwmpas hynny, ac yn digwydd bob nos Lun, Mawrth a Mercher cyn i ddydd Iau tâl ddod yn ei dro eto.

Ro'n i'n poeni am fy mam a'i hiechyd ers pan oeddwn i'n hogan fach. Yn y chwedegau cafodd lawdriniaeth enfawr ar ei chalon yn Ysbyty Brompton, South Kensington,

Llundain. Ro'n i wastad wedi bod fel cysgod y tu ôl iddi, neu efo hi bob awr o'r dydd, yn gofalu amdani, rhag ofn i rywbeth ddigwydd iddi, achos roedd Dad yn ei waith drwy'r dydd ac yn y pyb drwy'r nos.

A dyna sut roedd pethau nes iddo golli ei waith. Ac yna, wrth gwrs, roedd digon o bres i'w wario ar win y gwan! Ond dydi alcoholiaeth ddim yn sefyll yn llonydd; fe ddirywiodd y berthynas rhwng fy rhieni yn ddirfawr ac fe waethygodd iechyd y ddau. Ond doedden ni ddim yn meiddio defnyddio'r gair 'alcoholig'; mi fysa cymdeithas yn ffieiddio ac yn ynysu'r unigolyn, heb ddangos iot o gariad tuag at y dioddefwr. Ond, yn waeth na hynny, doeddan ni ddim yn dallt dim byd amdano chwaith. Yr unig beth o'n i'n ei ddallt oedd y teimlad o gywilydd erchyll oedd yn gymaint rhan ohonof drwy fy magwraeth, er yn ddiarwybod imi am flynyddoedd, achos ro'n i'n dda am stwffio pob teimlad o boen emosiynol i ddyfnderau pell fy modolaeth…

Yr wythdegau

"Dydi o ddim yn iawn i fam ifanc efo dau o blant bach gadw potel o sieri yn y cwpwrdd yn y gegin!"

Roedd y geiriau hyn fel cloch angau, yn canu'n hir ac yn drwm yn fy mhen, ac maen nhw'n dal i ganu hyd yn oed heddiw.

Geiriau fy mam i mi ychydig fisoedd cyn iddi farw oedd y rhain. Dwi'n cofio meddwl ar y pryd, "Pa hawl sy ganddi i ddweud y ffasiwn beth? Ydi hi'n meddwl fod gen i broblem neu rywbeth?"

Cofiaf am Bryn, hen gyfaill i mi ers talwm yn AA, yn dweud, "Carol, you were the last one to know!" Ia, fi oedd yr olaf i gydnabod a derbyn y gwir amdana i fy hun.

Na, dydi dibyniaeth ddim yn sefyll yn llonydd, ac fe newidiodd y dewis ddiod – o wydraid neu ddau o sieri y nos, i hanner potelaid, i botel gyfan y nos, ac yna i feddwl mai gwastraff pres ydi'r sieri 'ma; dwi ddim yn cael unrhyw effaith dda o'i yfed bellach, felly, beth am… jin? Potelaid o jin. Mae pawb yn cadw jin yn y tŷ, siawns!

Amser cinio yn y gwaith… yr ysictod yn aflonydd ddod drosta i… pryd ga i ddiod i stopio hwn? Ar ôl gwaith… ar y ffordd adra… stopio mewn siop wahanol bob dydd i gael rhywbeth neis i de… Diod gyflym yn y gegin… Diod arall cyn amser te… Diod arall wrth olchi'r llestri… Cuddio'r botel yn lle heddiw?… Bath rŵan… Diod fawr arall wrth socian… Cuddio'r botel… Aros i lawr grisia tan yr oria mân. Bore arall… Ddigwyddodd rhywbeth neithiwr?… Gwaith, chwysu, teimlo'n sâl, rhaid ei gael o, siopa, yfad yn y car…!

Y nawdegau cynnar

"Ers faint ydach chi'n teimlo'n isel, Carol?"

"Ydach chi wedi meddwl am wneud i ffwrdd â'ch hunan?"

"Mi wnawn ni roi ECT i chi a byddwch chi'n well wedyn."

Grêt! Dwi wedi llwyddo i gelu rhag pawb gwir faint y broblem – sgynnon nhw ddim clem, dim blydi clem! Bydda i'n ocê efo fy nghyfrinach fawr. 'Di o'm busnas i neb arall eniwe!

Detox ar ôl *detox*, ac yna crashio'r car ar fy ffordd i nôl fy mab o'r ysgol yn feddw dwll!

Wyt ti rili isio gwneud rwbath am dy yfad? Ocê, mi ffonia i *rehab* rŵan i ti. Cefnogaeth allweddol un oedd ar y daith adferiad o'm blaen i. Wynford annwyl, y gwas ffyddlon a da i'r achos.

Cyrraedd *rehab* am o leiaf dri mis.

"Why didn't your husband come in to speak with us? He dropped you and your luggage at the door and immediately rushed away," holodd y gwnselwraig oedd i weithio gyda mi efo *tough love* am y cyfnod hwn.

"Well, you see, he had to rush to get back to his work on time."

"WHAT?" gwaeddodd Mary yn ôl. "He dumped you at the door because you're an alcoholic and he's had his gutful of you and wants to be left alone to carry on with his life and to parent your children!"

WOW! Doedd neb erioed wedi siarad fel hyn efo fi o'r blaen. Rhag ei chywilydd hi!

Dyna oedd maint difrifoldeb yr ymwadiad a'r anallu i fedru amgyffred realiti'r sefyllfa, a maint y niwed a'r effaith ar fy nheulu bach, heb sôn am y llanast a'r effaith ar bawb arall a phob agwedd o fy mywyd.

Wythnosau o weithio ar Gam 1 o raglen adferiad Alcoholigion Anhysbys:

Rydym wedi cyfaddef ein bod ni'n alcoholig, a bod ein bywyd allan o reolaeth.

Dyma ddechra deall pŵer y ddibyniaeth arna i, a pha mor afreolus yr oedd fy mywyd wedi bod, nid jyst ers imi ddechra yfad alcohol yn f'arddega ond fy mod i, i bob pwrpas, wedi fy ngeni i hyn. Roedd cymaint o ffactorau yn fy *make-up* cynhenid yn benthyg eu hunain yn gryf ar gyfer y daith hon.

Sylweddolais fy mod wedi penderfynu o oedran ifanc iawn, tua 7 oed, mai'r ffordd i ddelio efo poen gorfforol ac emosiynol oedd smalio nad oeddwn wedi cael fy mrifo, nad oedd y boen yn bodoli o gwbl. Doedd dim angen ei rhannu efo neb, a beth bynnag, byswn i'n gallu ymdopi efo popeth AR FY MHEN FY HUN! (Dyna'r mistêc mwyaf wnes i erioed, er pan o'n i'n blentyn diymadferth.)

Doeddwn i ddim yn gallu ypsetio Mam achos roedd hi'n sâl, a doeddwn i ddim isio gweld Dad yn colli'i dymer ac yn dechra rhegi eto ac yn meddwi ac yn creu helynt. Ac felly, gyda'r meddylfryd plentyn hwnnw, cariais ymlaen i fyw fy mywyd fel hyn nes ro'n i mewn sefyllfa gwbl druenus ac yn rhy wan i fedru newid cyfeiriad fy mywyd.

Ond ddigwyddodd y newid cyfeiriad ddim yn ystod y *rehab*. Roedd tua dwy flynedd a hannar arall o yfad yn drymach fyth o fy mlaen nes imi fedru ildio un dydd ar y tro.

Rhagfyr 1998–Ionawr 1999

IESU TIRION, gwêl yn awr

Blentyn bach yn plygu i lawr,

Wrth fy ngwendid, trugarhâ,

Paid â'm gwrthod, Iesu da.

Nadolig 1998 oedd yr ail Nadolig imi'i dreulio, dwi'n meddwl, yn gyfan gwbl gaeth i alcohol, ac erbyn hynny roedd pawb wedi gorfod troi eu cefn arnaf oherwydd maint y boen o weld sut o'n i wedi methu, mae'n debyg. Roedd pawb wedi gwneud beth oedd yn ddynol bosib i'm helpu, ac roedd yn rhaid aros bellach am y newyddion drwg.

Mae'n anodd cofio, ond roedd y ddiod ar fin fy nhrechu yn llwyr. Ac ro'n i'n byw rywsut, yn dal i fynd – er mor sâl a gwan o'n i, heb fod wedi bwyta'n iawn ers misoedd maith – i brynu'r botel o *mother's ruin* ac weithia wisgi hefyd. Ro'n i'n byw, na sori, yn bodoli, yn y llofft yn nhŷ Dad a ddim wedi symud oddi yno am fis neu fwy ers dydd Nadolig. Mi gofiaf i mi araf godi i eistedd ar erchwyn y gwely un diwrnod, a gweld yn nrych y *dressing table* yr olwg ofnadwy oedd arna i. Heb molchi na newid fy nillad ers Dolig, yn dena, gwan a diymadferth. Drwy gornel fy llygad dde gwelais y botel ar y llawr yn aros amdana i.

Gwaeddais yn uchel, "Duw, oes raid i mi [yfad y jin eto heddiw]?"

Wrth ddeffro o gwsg ar ôl hyn, clywais lais yn dweud yn dawel wrthyf fod rhaid imi fynd yn ôl i'm cartref yn y de. Do'n i ddim yn gallu yfad fawr ddim erbyn hyn, dim ond sipian y jin, a disgyn i mewn ac allan o gwsg. Bob tro ro'n i'n agor fy llygaid, roedd y llais bach yn dweud yr un un peth wrthyf ond yn fwy taer bob tro.

Cofiais fod ffrind imi wedi dod i'r gogledd at ei rhieni a llwyddais i godi a'i ffonio i ofyn am lifft yn ôl adra efo hi. Bydda i'n fythol ddiolchgar iddi a'i mam am wneud y gymwynas enfawr honno â mi, ac mi ddes i'n ôl i'r tŷ gwag tua diwedd Ionawr, dechra Chwefror. Y noson honno, yfais y jin olaf yn y tŷ ac ymlwybro'n wan i fyny'r grisia i'r gwely. Fy mwriad oedd mynd yno i farw. Ond nid felly y bu.

Wedi dyddia o fynd drwy'r broses ddiawledig o *withdrawals*, teimlais o'r diwedd y gallwn godi a mynd i lawr grisia yn ara bach. Wedi cyrraedd tro'r grisia, yn sydyn teimlais bresenoldeb, fel anadl neu wynt teg yn teithio trwy fy nghorff o fodiau fy nhraed i fyny heibio f'ysgwyddau ac allan. Profiad am eiliadau yn unig, ond profiad a roddodd i mi'r gallu, un dydd ar y tro, i beidio gorfod yfed diferyn o alcohol, un mlynedd ar hugain yn ôl!

Rydym yn alcoholigion ac yn analluog i reoli ein bywydau ein hunain.

Ni fedr unrhyw bŵer meidrol, yn ôl pob tebyg, ein ryddhau ni o'n halcoholiaeth.

Mae Duw yn gallu ac am ein rhyddhau, pe baen ni'n ei geisio Ef.

Un mlynedd ar hugain o sobrwydd – dyna newyddion da a gobeithiol, yntê!

Dwi wedi llwyddo i fyw fy mywyd dan ofal Duw, y pŵer goruchaf a lwyddodd i roi terfyn ar fy modolaeth yn uffern.

Dwi wedi gallu byw gyda chymorth fy nheulu estynedig o bobl sydd ar daith adferiad debyg i f'un i.

Dwi wedi derbyn, ac yn derbyn, fy meiau i gyd ac wedi llwyddo i symud ymlaen, heb ofn ond gyda ffydd.

Ydw, dwi'n gyfrifol am lot o betha ofnadwy a arweiniodd at ddinistr a thor calon.

Heddiw dwi'n gallu bod yn fam, yn nain, yn chwaer, yn ffrind, yn gariad, yn gyd-weithiwr, yn gymydog. Popeth roedd dibyniaeth wedi ei gymryd oddi arna i a fy mhlant annwyl, ond sy ddim bellach yn wir, un dydd ar y tro.

Mae gras Duw wedi fy ngalluogi i weithio yn Stafell Fyw Caerdydd – canolfan ddyddiol sy'n helpu pobl gyda dibyniaeth o bob math. Mi fyswn i'n fwy na hapus i siarad a chefnogi unrhyw un sy'n wynebu treialon dibyniaeth yn ei fywyd ar hyn o bryd.

Arglwydd, rhaid i mi gael bywyd;
 Mae fy meiau yn rhy fawr
Fy euogrwydd sy'n cydbwyso
 Â mynyddoedd mwya'r llawr:
Rhad faddeuant, gwawria bellach,
 Gwna garcharor caeth yn rhydd,
Fu'n ymdreiglo mewn tywyllwch,
 Nawr i weled golau'r dydd.

(William Williams, Pantycelyn)

www.livingroom-cardiff.com

Being alcohol-free for a spell
(or forever) is emancipation.
Not deprivation.

Catherine Gray, awdur

COCTEL O GYMHLETHDODAU

Jon Gower

Wrth glirio perllan afalau 'nhad-cu, Thomas John Gower, daeth nifer fawr o boteli wisgi i'r amlwg, wedi eu cuddio a'u claddu yn y wal o gwmpas y coed dros gyfnod hir. Cwarteri o Bells oedd y rhan fwyaf ohonyn nhw. Mae'n debyg bod yr hen foi yn yfwr trwm, oedd yn beth peryglus braidd o ystyried ei fod yn rhedeg y Railway, tafarn ryff ar y naw yn Burry Port, sef Porth Tywyn cyn i'r enw newid yn y saithdegau.

Roedd 'nhad, Des, hefyd yn yfwr penderfynol, ac yn cuddio poteli ar hyd y lle fel mae'r wiwer yn cwato cnau. Yfwr seidr oedd e, yn ffafrio Old English neu Strongbow, ac yn smocio hefyd, gan rolio'i ffags ei hunan gyda thybaco Golden Virginia. Byddai'r seidr yn llosgi ei stumog, ac yntau'n mynd i dymer ddrwg oherwydd y boen, ac yn aml yn troi'n dreisgar. Mae'n bosib bod cysylltiad rhwng yr yfed a'r canser a'i lladdodd.

Ro'n i'n caru Dad-cu yn fawr, a fe oedd yr un wnaeth

bwysleisio pwysigrwydd darllen a llyfrau i mi pan oeddwn yn grwtyn, er nad oedd yntau wedi cael fawr o addysg, ac wedi gorfod mynd i weithio dan ddaear yn ifanc iawn. Nid oedd y berthynas gyda fy nhad yn un dda, ond stori arall yw honno. Felly roedd gen i fodelau, patrymau pendant o sut i yfed, neu sut i beidio yfed – rhyw yfed ar y slei a chuddio'r poteli gweigion. Sdim rhyfedd, efallai, fy mod i wedi diweddu lan yn yfed Old English a smocio'r un tybaco yn union, bron, er mwyn profi'r dylanwad yn glir. Roedd Dad yn smocio'n drwm hefyd, ac ar un adeg ro'n i'n smocio 60 ffag y diwrnod; felly, efallai fod 'na wirionedd yn y gosodiad bod ysmygwyr, fel beirdd, yn cael eu geni fel hynny, yn hytrach na chael eu creu.

Byddai rhai'n disgrifio'r ddau, Thomas John a Des, fel alcoholics, a sdim dwywaith gen i nad oedden nhw ill dau'n ddibynnol iawn ar y ddiod feddwol, ac yn achos Dad-cu ar wirodydd. Rwyf innau hefyd wedi bod yn yfed yn drwm ers blynyddoedd. Ond eto, fyswn i ddim yn disgrifio fy hun fel alcoholig; gofynnais i fy ngwraig gadarnhau hyn, ac mae hi'n cytuno. Ond efallai fod y ffaith 'mod i wedi gorfod gofyn o gwbl yn adrodd cyfrolau. Dwi ddim yn hollol siŵr beth yw'r berthynas rhyngof i ac alcohol, ond os taw priodas o ryw fath ydi hi, mae wedi bod yn briodas hir. Priodas hir iawn.

Ro'n i'n bedair ar ddeg yn cael fy mheint cyntaf, a dwi'n cofio'r achlysur yn dda. Yr ardd gwrw yn nhafarn y Farriers ar yr hewl rhwng Llanelli a Thrimsaran. Peint o Felinfoel yn disgleirio yn yr heulwen a chanddo arogl fel ci gwlyb, fel hen labrador wedi dod i mewn o'r glaw. Dwi'n cofio'r cyfeillion oedd yno a'r teimlad nad oeddwn wir yn mwynhau blas y Double Dragon Ale. Ond dyna fel y dechreuodd pethau, y briodas sydd wedi para hanner canrif bellach. Yn wahanol i 'nhad dwi'n feddwyn hapus, ddim yn codi dwrn na chodi llais, er bod ambell noson yn cyrraedd pan dwi am ddiflannu i fy meddwdod, i blymio i fôr o ddiod. I golli gafael. I fod yn anymwybodol. Ond mae'r rheini'n brin ac wedi mynd yn brinnach. Ond ar fy ngwaethaf roeddwn yn yfwr cymdeithasol trwm iawn, *off the graph*, ys dywed y Sais.

Yn y cyfnod hwnnw roedd 'na ddiwylliant cryf o yfed yn y BBC, sydd efallai'n gyfrifol am y ffaith fod un o'r darlledwyr wedi cyhoeddi un noson, "Good evening, this is the British Broadcasting Castration." Apocryffa efallai, ond doedd dim dwywaith nad oedd yfed trwm yn rhemp, a chlwb y BBC yn gorlifo ag yfwyr selog amser cinio ac ar ôl gwaith. Yn yr 1980au roedd tafarnau (a Chlwb y BBC) yn cau cyn y clinics yfed ym Morgannwg Ganol, a byddai rhai'n teithio i dafarn y Castell Mynach, ger Llantrisant, er mwyn cael awr fach ychwanegol o slotio cyn symud o'r naill sir i'r llall eto i gario mlaen. Ac roeddwn i'n un ohonyn nhw. Cyffes y cyfryngi, ontyfe?

Byddai amser cinio arferol mewn tafarn yn Gabalfa yn

para awr neu ddwy, neu fwy, a hwnnw efallai'n cynnwys pum peint o gwrw, yn osgystal â chinio llawn, fel pei a tsips. Byddai'r prynhawn yn y swyddfa ambell waith yn cynnwys gwin, ddim bob dydd, ond byddai unrhyw esgus yn ddigon i gyfiawnhau agor potel, ac yna byddai'r selogion yn ôl yn y clwb neu efallai yn un o dafarnau Llandaf am hanner awr wedi pump ac yn aros yno – gyda styfnigrwydd, bron – nes stop tap.

Beth oedd effaith hyn oll? Wel, yn f'achos i, chwyddais i ugain stôn. Ac oherwydd fy mod yn gwario 'nghyflog ar y bŵs – oedd yn gamp o ystyried prisiau rhad Clwb y BBC, lle gallech yfed optic cyfan o jin a chael newid o ugain punt – doedd gen i ddim digon o arian i dalu'r bil treth, felly bu'n rhaid imi werthu fy llyfrau i gyd. Roedd hon yn ergyd, fel dweud ffarwél wrth ffrindiau lu. Ymhlith y cyfrolau roedd sawl un werthfawr, argraffiadau cyntaf wedi eu llofnodi gan awduron roeddwn i wedi bod yn ddigon ffodus i gwrdd â nhw. Dwi'n cofio'r ddwy fan fawr wen yn gadael ac yna edrych ar y silffoedd gweigion a'r rheini'n drosiad o fy mywyd ar y pryd.

Ond roedd effaith alcohol ar fy ffrindiau hyd yn oed yn waeth. Bu farw un yn y gwely, wedi tagu ar ei chŵd ei hun. Trodd un arall o fod yn *raconteur* hilariws i ddyn fyddai'n eistedd yn llipa yng nghornel tafarn yn ailadrodd yr un hen storïau drosodd a throsodd, a'r tiwniau crwn yn arllwys o wefusau dyn oedd wedi newid ei liw, a'i groen fel grawnwin Sauvignon, yn borffor fel gwin. Cafodd ffrind arall, boi ifanc, drawiad neu ddwy ar y galon ond, diolch fyth, fe galliodd yntau jyst mewn pryd. Fesul un, bu farw nifer o'r yfwyr penderfynol o 'nghwmpas, ond eto wnes i ddim stopio yfed.

Oeddwn i'n alcoholig, neu hyd yn oed yn Alcoholig Llon fel yr un yn ffilm Karl Francis (sydd, wrth gwrs, yn unrhyw beth ond llon)? Dwi'n amau, a'r rheswm pam dwi'n dweud hyn yw fod gen i batrwm o roi lan bob hyn a hyn, ambell waith am wythnos, ambell waith am fisoedd neu hyd at flwyddyn. Yn y cyfnodau hynny gallwn weld fy mod i'n mynd yn nerfus ambell waith, ond ddim yn crynu nac yn cael y DTs nac unrhyw beth felly. Ond petawn i'n gorfod rhoi tic mewn blwch sy'n disgrifio fy mherthynas ag alcohol, yna dwi'n credu taw yfwr cymdeithasol trwm ydw i. Copowt? Twyllo fy hunan? Sdim dwywaith nad ydi alcohol, fel nicotîn, yn gyffur cyfrwys, ac mae'n sylwedd sy'n peri i chi deimlo'n isel er bod cynifer o bobl yn yfed er mwyn teimlo'n well. Yn fwy cymdeithasol. Yn fwy dewr, hyd yn oed os taw dewrder yr Iseldiroedd yw e, *Dutch courage*. Yfed er mwyn teimlo'n fwy secsi, er nad yw llond bol o gwrw yn iro'r libido.

Yn f'achos i, dwi'n grediniol 'mod i'n defnyddio alcohol. Dwi'n gweithio'n galed, felly mae cael drinc yn rhyw fath o wobr. Ond dwi hefyd yn hoffi gwin, ac yn ymchwilio i hanes y gwinllannoedd ac yn ymddiddori mewn chwilio am rawnwinoedd cynhenid yr Eidal (ma tua dau gant o'r rheini, felly digon o gyfle i wneud ymchwil drwyadl tra bydda i byw). Ac fel o'n i'n dweud, dwi hefyd yn medru mynd heb ddrinc. Os dwi'n mynd drwy un o fy nghyfnodau sych, bydd y tri neu bedwar diwrnod cyntaf yn hawdd. Ond ar ôl cwpwl o wythnosau bydda i'n dechrau colli pwysau (diflaniad y *jowls* ar fy ngên yw'r arwydd mwyaf pendant, a'r ên wan yn dod i'r golwg, ac efallai fod hynny'n gliw hefyd i natur fy nghymeriad). Gan amlaf, mae'n cymryd naw wythnos i mi deimlo'n dda, yn rili, rili dda, ac wedyn bydd yn hawdd glynu at y drefn oherwydd bydda i wedi bod i'r pyb gyda mêts ac yfed Coke, a dysgu gwneud pethau cymdeithasol fel lansio llyfr heb estyn am wydraid. Ond daw dydd pan fydd rhywun yn rhywle yn gofyn y cwestiwn syml, "Gymri di ddrinc?" a bydda i'n dechrau eto. Caethiwed? Neu ryw fath o ryddid amodol? Pwy a ŵyr.

Mae'n ugain mlynedd ers i mi gwrdd â fy ngwraig, Sarah, ac yng nghyfnod cynnar ein carwriaeth roeddwn i'n yfed yn drwm. Mae hi'n cofio sut y byswn yn awgrymu mynd am fwyd, am gyrri efallai, nid er mwyn bwyta ond yn hytrach i gael mwy i yfed. Roedd hwn yn y cyfnod pan oedd stop tap am un ar ddeg. Felly roedd angen naill ai chwilio am glinic yfed fel Clwb y Cameo neu fynd allan am *vindaloo*. Ac roedd Sarah – sy'n hynod amyneddgar – yn hapus i gadw cwmni i mi oherwydd doeddwn i ddim y math o feddwyn oedd yn cwympo drosodd neu'n methu siarad yn glir. Ond sdim dwywaith na fyddai'r arllwysfa ddyddiol o gwrw, gwirodydd a gwin yn effeithio ar fy iechyd yn y pen draw (mae tystiolaeth ddigon yn y gwythiennau bach sydd wedi torri ar fy wyneb, gan greu golwg iachus sy'n rhoi argraff ffals).

Ond wedyn digwyddodd rhywbeth i wneud i mi gymedroli. Cefais blant, a hynny'n hwyr yn fy mywyd. Roeddwn ar fin troi'n hanner cant pan ddaeth fy merch ieuengaf i ymuno â'n byd ac roedd bod – na, *mae* bod – yn dad hen, neu sy'n hŷn na'r mwyafrif, yn rhoi rhyw syniad arbennig i chi o feidroldeb, ac mae llu o gwestiynau'n pentyrru yn eich pen. A fyddwn i'n byw i weld y merched yn tyfu lan? Mynd i briodas un ohonyn nhw? Adleisiwn y teimlad gafodd David Bowie pan anwyd ei ferch Alexandria Zahra Jones ac yntau'n 53 mlwydd oed. Mae dyn yn gorfod callio, a dwi'n eitha siŵr y buaswn wedi marw oni bai 'mod i wedi cwrdd â Sarah.

Eto, rhaid tanlinellu nad oeddwn i'n anhapus wrth yfed. Dwi ddim yn anhapus nawr, er bod 'na ambell noson pan mae pethau'n mynd yn draed moch. Ond mae hynny'n digwydd am resymau gwahanol nawr. Dwi'n cofio cyfnodau pan mai holl bwrpas yfed oedd mynd i anghofrwydd, cyrraedd y pwynt lle doeddwn i ddim yn ymwybodol bellach. Roedd canabis hefyd yn help yn hyn o beth, a'r mathau mwy cryf, megis sgync, yn rhyw fath o ffast trac i gyrraedd y stad neu efallai'r ansad hwnnw. Ond wedi cwympo mewn cariad gyda Sarah – cyn cwympo mewn cariad ddwywaith eto gydag Elena ac Onwy – doeddwn i ddim am golli gafael dim mwy. Y gwrthwyneb oedd yn wir: roeddwn am fod yn gwbwl effro i werthfawrogi pob munud, i agor fy mreichiau led y pen i groesawu gwledd o brofiadau yng nghwmni'r tair ohonyn nhw.

Ond … dwi ddim yn siŵr beth yw effaith gweld eu tad yn yfed ar y merched. Gan nad ydyn nhw wedi 'ngwelld i'n feddw (ar wahân i Suliau Uwch pan ma criw ohonom yn cael parti go iawn), maen nhw'n gwybod ei bod hi'n bosib yfed yn gymedrol. Bydd rhai ohonoch yn meddwl 'mod i'n amddiffyn fy hun, neu'n celu rhywbeth, ond dyma sut dwi'n teimlo ar y foment ynglŷn ag yfed. Dwi wedi mwynhau yfed drwy gydol f'oes, er 'mod i wedi mynd yn agos iawn at wneud niwed parhaol i'n hunan. Ond nawr, a minnau yn fy chwedegau, dwi'n mwynhau gwin a choctels a chwrw gyda mêts yn yr un ffordd â dwi'n mwynhau seiclo ac adara a gwneud cyrris o Gujarat a darllen llyfr bob diwrnod a byw bywyd llawn, i'r eithaf. Ac fel rhan o'r tapestri, y gogoniant difesur ac amhrisiadwy hwnnw a elwir yn fywyd, mae lle i lasied myfyriol o win coch Graticciaia o Puglia neu fargarita perffaith ar ddiwrnod crasboeth o haf. Dwi ddim yn dweud nad yw alcohol yn beryglus, a dwi'n gwybod am y gosodiad sy'n dadlau petaen nhw'n darganfod alcohol heddiw y byddai angen ei gadw mewn cwpwrdd wedi ei labelu â'r gair 'Gwenwyn'. Ond mae'n rhan o 'mywyd, yn berygl i'r arennau ac yn bleser i'r tafod, yn bygwth y cof ac yn iro sgyrsiau braf yr un pryd. Perthynas gymhleth, hir sy'n debygol o bara o leia tan heno, gan fod yr haul mas, a'r margarita cynta'n temtio.

I don't drink these days.
I am allergic to alcohol and narcotics.
I break out in handcuffs.

Robert Downey, Jr., actor

ALCOFFRENIA

Neil Williams

Un diwrnod mi a' i ar y wagan
A trio dal yn dynn,
Un diwrnod mi a' i ar y wagan
A troi fy myd yn wyn.

Geiria Geth Thomas, Gwibdaith Hen Frân. Cytgan 'Ar y Wagan', coeliwch neu beidio. Mae'r gân yn rowlio o ochor i ochor mewn chwech wyth chwil, a'r dorf yn cydganu gan amla, yn llawn hwyl, a gan amla yn llawn diod. Ma Geth yn cyflwyno'r gân drwy ddeud rwbath fel, "Dwi am fynd ar y wagan ryw ddwrnod, ond dwi'm yn deud pa ddwrnod…"

Faint ohonan ni sy 'di hannar neud yr addewid yna? Neu wedi'i gyflawni, hoelio diwrnod a chadw ato? Wedi'i dorri wedyn – disgyn oddi ar y wagan? Gwasgu'n hunain drwy fangl euogrwydd a hunangasineb am fod mor wan a di-asgwrn-cefn? Dringo, wysg 'yn tina 'nôl arni, hitha'n llusgo drwy rychau anwastad am amser hir, digysur?

Chwipio'n hunain eto am nad ydi te gwyrdd, na choffi du, Dru Yoga, na chwrw na gwin di-alc, *mindfulness*, cordials ffansi, dŵr ffynnon potal, llonydd neu swigodlawn, pa mor oer bynnag, yn gwneud *dim* i dorri'r sychad go iawn?

Meithrin a bwydo hedyn o syniad o'r esgus lleia nes iddo ffynnu a chancro i fod yn gyfiawnhad llawn, sy'n anorfod yn arwain at blymio oddi ar y wagan felltith, i'r dafarn neu'r oergell neu'r drincs cabinet, neu lle bynnag rhwng uffern a'r nefoedd ma 'na ddiod go iawn i'w chael.

Yn haf 1986, yn ddwy ar hugain oed, es i ar y wagan gant y cant.

Pam?

Nid oherwydd 'mod i'n teimlo 'mod i'n alcoholig neu'n gaeth i'r ddiod, er i mi sylweddoli y bydda hynny'n cael ei brofi un ffordd neu'r llall wrth i mi roi'r gorau i yfed alcohol. O'n i wedi dechra syrffedu ar y rwtîn o fynd i'r pyb, cael boliad, cael yr un sgyrsia hefo'r un bobol – hwyl ar y pryd ond yr hwyl yn pylu – a diodda o hangofyrs, a'r rheini ddim yn hwyl o gwbwl ac yn para am ddyddia weithia ar ôl sesh hegar. Ond fy ymddygiad fy hun ddaeth â'r holl beth i bwynt tyngedfennol. Ar noson braf yr haf hwnnw, hefo 'nghariad a grŵp o ffrindia, o'n i wedi mynd i barti tŷ ar ôl noswaith yn y dafarn. Bob dim yn hynci dori nes i mi gam-ddallt rhwbath hollol ddiniwad roedd ein gwahoddwr wedi'i ddeud wrth fy nghariad, ac yn niwl coch fy nhempar meddw, 'nesh i hollti ei wefus hefo 'nwrn chwith. Torrais groen fy nwrn ar ei ddannedd. Mae 'na ddwy graith, gwarthnodau bach, ar fy nwrn hyd heddiw. Ac wrth gofio a sgwennu am yr hanas, dwi'n teimlo'r cywilydd o'r newydd, fel o'n i'n teimlo wrth gerdded yn ôl i'r tŷ'n hwyrach, ar orchymyn candryll fy nghariad, i gnocio ar y drws, disgyn ar fy mai yn llwyr ac ymddiheuro'n ddiffuant wrth y *chief* druan efo'r wefus dew. O'n i'n sâl drwyddaf 'mod i 'di ymddwyn yn y fath fodd. Ac yn salach wrth ddysgu bod Mr Chwyddwefus a 'nghariad yn ffrindia agos ers blynyddoedd.

Heblaw 'mod i'n chwil, fydda'r peth ddim wedi digwydd – mae mor syml â hynny. O'n i wedi troi i mewn i rywun arall yn llwyr, rhywun nad oeddwn i'n ei adnabod, nac isio'i adnabod chwaith. Alcoffrenig. Dwi'n nabod sawl un. Dach chi? Dwi'n perthyn i sawl un. Dach chi? Pobol normal, gyfeillgar, gariadus yn sobor, ond wedyn …

Oedd 'y mhen i wedi chwalu. Hapi drync o'n i, ia ddim? Wel na, mae'n amlwg. Ddim bob amser, a dyna oedd y pwynt tyngedfennol. Stop tap. Dim diolch. Dim fi. Dim eto. Felly dyma stopio.

Y wagan ddaeth i 'nghwr i, ac yn llawen dringais arni.

Fues i'n lwcus. Prin y sylwais 'mod i 'di rhoi'r gorau iddi. Gyrrwr penodedig ar bob achlysur. Gyrrwr y fan i bob gìg, panad neu Diet Coke yn hytrach na pheint ar ôl chwara pêl-droed neu griced, a dim hiraeth am fywyd y dafarn chwaith.

Dwi'n trio peidio bod yn feirniadol o bobol pan mae alcohol, neu unrhyw gyffur arall, yn y cwestiwn. Rhwydd hynt i bawb ddianc i ble bynnag ac ym mha fodd bynnag maen nhw isio. Ymddygiad sy'n allweddol wedyn, raid gen i. Sgen i'r un iot o fynadd na chydymdeimlad efo'r rheini sy'n meddwi ac wedyn yn gyrru, neu'n cam-drin sboner neu blant, neu'n mynd i gwffio a chodi twrw fel nath yr idiot 'na yn haf '86. Neith "O wel, o'n i / oedd o / oedd hi / roeddan nhw / roeddan ni yn chwil gachu, off 'yn penna, allan ohoni" mo'r tro i mi, ma gin i ofn. Neith o i chi?

Ar y llaw arall, y rhai sy'n ffeindio'u hunain yn gaeth i'r ddiod, neu unrhyw gyffur neu arfer, gamblo er enghraifft, mae gen i bob cydymdeimlad efo nhw, a dwi o'r farn mai materion o gymdeithas ac o iechyd ydyn nhw yn y lle cynta, nid o droseddu, er bod troseddu'n dod yn eu sgil yn rhy amal. Ond dwi'n troedio i ddadl arall yn fan'na…

Erbyn hyn, a finna'n nes at fy nhrigain nag ugain, potal o lagyr oer gyda'r nos o bryd i'w gilydd ydi eithaf fy yfed, y botal a'r gwydr yn yr oergell am hannar awr cyn tollti, a bag o borc sgratjins ne bombê mics yn bartnar iddi. Lyyyfli.

Fel arall, ma panad a bisgit llawn cystal, sbeshli yn y gaea!

You know that thing that breaks your heart?
You never have to do that again.
Really.

Laura McKowen

TORRI TIR NEWYDD: DEWIS PEIDIO YFED YN 27 OED

ELIN MEREDYDD

23 Mehefin 2020

Mae gen i lun ar sgrin fy laptop o'r noson olaf wnes i yfed, a fideo trist o 2016 ohonof yn eistedd ar ddesg ystafell gotia Clwb Ifor Bach yn oria mân y bore yn siarad â mi fy hun ar ffurf fideo. Elin feddw yn siarso Elin sobor y bore i sobri ac i "SORTIO DY SHIT ALLAN!"

Mae o'n ddoniol yn ogystal â bod yn hollol drist, ond yn nodyn bach da i fy atgoffa pa mor bell dwi wedi dod ers 28 Tachwedd 2019.

29 Mai 2020

Chwe mis yn sobor ddoe. Wedi'i sbwylio braidd am fy mod i wedi smocio fel stemar y noson cynt. Teimlo fel tasa gen i hangofyr. Er hynny, dwi'n gwerthfawrogi fymryn 'mod i'n cael fy atgoffa o deimlad erchyll hangofyr ar ddiwrnod mor arwyddocaol. Cofio pam dwi'n gneud hyn yn y lle cyntaf a pam dwi isio dal ati. Chwe mis yn ffycin sobor! Hwrê!

22 Mai 2020

Chwe mis yn sobor ar y gorwel. Dwi wedi dechra darganfod *highs* newydd. Maen nhw'n teimlo gymaint mwy melys, efallai am eu bod nhw'n cael eu gweini efo twtsh o smygrwydd neu am fy mod i'n dechra anghofio teimlad *highs* cyffuria. O'n i'n teimlo'n ecstatic bore 'ma wrth ddod allan o'r gawod. Aeth fy ngolwg i'n *blurry*. Y cwbl 'nes i oedd rhedeg 5k, wedyn yfed coffi cryf, cael cawod boeth, secsi ac wedyn dau funud o ddŵr oer, rhewllyd a gwrando ar Foo Fighters yn uchel. Ro'n i'n methu stopio gwenu am oria wedyn.

Ychydig wythnosa cyn Covid-19 es i Kundalini Sound Meditation Gong Bath. 'Nes i deimlo rhyw egni estron yn fy mron wrth ganu mantras efo llond stafell o ddieithriaid. Ar un adeg ro'n i'n meddwl 'mod i am gael orgasm, a phan 'nes i adael es i sefyll ar gornel stryd y stiwdio ioga a beichio crio. Cerddais i'r siop i nôl swpar a sefyll ar bont gyfagos mewn gwynt cryf yn edrych ar yr afon a theimlo fel taswn i'n cael profiad *out of body*. Dwi ddim rili'n cofio cerdded adref na beth ges i i swpar y noson honno.

Yn ogystal, mi alla i gadarnhau bod cael rhyw efo rhywun yn sobor ar y trydydd dêt yn brofiad lot gwell na chael secs meddw efo rhywun ar y dêt cyntaf. Dwi'm yn meddwl bod angen i mi ymhelaethu gormod ar hynna.

27 Ebrill 2020

'Nes i golli fy *sex drive* am dipyn ar ddechra'r broses yma. Mae o'n ôl rŵan.

13 Ebrill 2020

Penwythnos Gŵyl y Banc rhyfedd – y cyntaf o'n i'n edrych ymlaen ato ers dechra swydd llawn amser. Mi o'n i wedi bod yn cynllunio amryw o benwythnosa dramor ar ben fy hun i wledydd Ewrop. Mi oedd hi wastad am fod yn sialens ar benwythnosa fel hyn cyn Covid am 'mod i am fynd allan efo ffrindia heb yfed. Ma 'na ran ohona i sydd yn teimlo rhyddhad o beidio gorfod poeni. Fydd dim rhaid i mi wynebu gwylia, priodasa a phartïon pen-blwydd yn sobor am dipyn. Sialens at haf y flwyddyn nesaf.

Ar nodyn arall, dwi'n cael tan anhygoel ar fy nghoesa am y tro cyntaf ers plentyndod. 'Nes i ddarllen yn rhywle (dwi'm yn cofio lle) bod yfed alcohol yn gallu effeithio ar y melanin yn eich croen chi, a wir i chi ma 'nghoesa i'n frown rŵan. Dwi ddim yn cwyno.

24 Mawrth 2020

Ma *lockdown* yn haws yn sobor ac yn sengl. Diolch i dduw 'mod i'n sobor neu mi fasa'n meddwl i ar chwâl heddiw.

28 Chwefror 2020

Tri mis yn sobor heddiw a dwi wedi cael y newyddion drwg fod fy anti wedi marw. Adeg yma'r llynedd mi faswn i yn y pyb erbyn rŵan… ond heddiw dwi newydd fod am *run* ac wrthi'n rhedeg bath i mi fy hun (dau o'r tricia dwi wedi'u rhoi yn fy mocs tŵls ar gyfer yr adega dwi'n teimlo'n crap). Dwi'n drist, ond dwi wedi dysgu nad drwy leddfu'r boen efo *booze* ma cael gwared ar y tristwch. Cydnabod y boen a'i theimlo hi ydi'r cam callaf. Ma 'na ddywediad ymysg y rhai sydd wedi rhoi'r gora i gyffuria: "The best thing about recovery is that you get your emotions back. The worst thing about recovery is that you get your emotions back."

Does ddim modd i ni ddewis a dethol pa emosiyna 'dan ni'n eu teimlo. Ma cymaint ohonan ni wedi arfer lleddfu poena efo peint neu dri, a do'n i ddim gwahanol. Dathlu? Prosecco. Trist? Potel o win. Nerfus? Siot o *tequila*.

Ond drwy leddfu'r poena annifyr, 'dan ni'n lleddfu'r teimlada da hefyd. Bod yn hapus, dysgu byw a gweithio efo teimlada drwg sy'n rhaid i ni eu hwynebu os 'dan ni am deimlo'r rhai da.

19 Chwefror 2020

Eniwe, dydi peidio yfed ddim yn anodd os wyt ti wedi bod yn ymarfer stopio yfed erstalwm. Os dwi'n methu'r tro yma, dwi'n fwy tebygol o lwyddo'r tro nesa. Proses ydi hi ac mae pawb ar ei lwybr ei hun.

Petha dwi wedi'u dysgu

• Does dim ffasiwn beth ag alcoholig, a dydi cymharu dy hun ag eraill byth yn syniad da.

Do'n i ddim yn deffro yn y bore isio diod nac yn cael y *shakes*. Do'n i ddim yn yfed bob dydd hyd yn oed, ac mi 'nes i fis sobor fan hyn a fan draw fwy nag unwaith. Dydi person ddim 'yn' alcoholig neu 'ddim yn' alcoholig. Sbectrwm o fath ydi o. Dydi o ddim yn ddu a gwyn. Mae'n bosib i unrhyw un ohonan ni fynd yn gaeth os ydan ni'n yfed digon ohono fo, oherwydd ma alcohol yn ofnadwy o *addictive.* Felly, er nad oeddwn i'n gaeth i yfed, dydi o ddim yn golygu na faswn i'n gallu mynd yn gaeth iddo yn y dyfodol. Mae o'n gallu digwydd i unrhyw un. Felly, dydi perswadio dy hun ei bod hi'n ocê i chdi gael un bach arall achos dwyt ti ddim yn yfed hanner cymaint â dy ffrind gora neu'r ddynes drws nesa ddim yn gneud sens.

• Dwi'n cael mwy o hwyl hebddo fo.

Pan 'nes i ddechra cymdeithasu'n sobor, mi oedd o'n teimlo'n ofnadwy o anghyfforddus achos doedd gen i ddim *liquid confidence* i helpu. Ond rŵan dwi'n GYMAINT mwy hyderus ac yn gallu delio efo sefyllfaoedd cymdeithasol fatha *pro*. Heb yr alcohol, dwi'n sylweddoli os nad ydw i'n mwynhau fy hun yng nghwmni rhai pobl, be ydw i'n da efo nhw yn y lle cynta? Pam ma'n rhaid i mi yfed i fwynhau fy hun? Be 'di'r pwynt treulio amser mewn sefyllfaoedd dwi ddim yn eu mwynhau?

- Mi oedd y rhan fwyaf o'r problema iechyd meddwl oedd gen i'n gwaethygu gydag alcohol.

Pam 'nes i ddim gwneud hyn yn gynt? Ma alcohol yn *depressant*. Blynyddoedd o *panic attacks* a *mood swings*, a'r cwbl oedd raid i mi neud i haneru'r rheini oedd rhoi'r gora i neud un peth.

- Newid byd er mwyn newid dy ffordd.

Digwydd bod, 'nes i symud dramor lle do'n i ddim yn nabod neb. Ges i swydd newydd efo gwell rwtîn. 'Nes i ddarganfod 'mod i'n caru rhedeg a 'nes i ddeud hwyl fawr wrth ambell wyneb oedd yn *drinking buddy* ac yn rhan fawr o fy mywyd i. 'Nes i greu rhestr bocs tŵls heb sylweddoli 'mod i'n creu un:

- dechra sgwennu mewn llyfr diolchgarwch bob nos cyn mynd i'r gwely;

- rhedeg;

- treulio amser efo natur;

- byw mewn amgylchedd newydd;

- darllen, darllen, darllen. Ymchwilio cymaint ag sy'n bosib ar y pwnc;

- baths hir;

- rwtîn;

- dechra hobi newydd (Krav Maga!);

- therapi;

- *reiki* a myfyrio;

- gwneud rhywbeth creadigol megis sgwennu neu dynnu llun.

• Y bobl sydd fwyaf anghyfforddus efo chdi'n peidio yfed ydi'r rhai sydd yn poeni am eu patryma yfed nhw eu hunain.

• Nid fy lle i ydi cwestiynu faint ma pobl eraill yn yfed. Rhaid i mi adael iddyn nhw wneud eu penderfyniada eu hunain.

• Y diwrnoda anoddaf yn y broses yma ydi'r dyddia pan ma'r gwaith caletaf a phwysicaf yn cael ei wneud. Os ydi o'n anodd ac rwyt ti'n dod drosto fo, ti'n gwneud y gwaith ti i fod i'w neud.

• Bod yn gaeth i'r cyffur sydd yn agor y drws, ond rhoi'r gora i'r cyffur ydi dechra datod y clwyfa dwys.

• Dydi cael un gwin coch y dydd DDIM YN DDA I CHI. Y cwmnïau alcohol sy'n talu i bobl neud ymchwil feddygol er mwyn darganfod un gronyn o wybodaeth (*antioxidants, my arse* – ma gan siocled lot mwy) i berswadio pawb bod yfed yn IACH. Dwi'n lot mwy ymwybodol o ble ma ffeithia'n dod. Hawdd ydi defnyddio erthyglau dwi'n eu darllen fel esgus os ydi o'n atgyfnerthu'r petha dwi isio'u coelio.

• MERCHED ydi targed diweddara'r cwmnïau alcohol. Alla i ddim symud rŵan heb fynd yn flin efo marchnata di-ben-draw cwmnïau alcohol sy'n targedu merched efo'u *pink gins* a *yummy mummies* sydd angen gwin i oroesi magu plant. Mi ddigwyddodd yr un peth efo smôcs a merched oddeutu can mlynedd yn ôl. Roedd 'Torches of Freedom' yn ymadrodd a ddefnyddiwyd i annog menywod i ysmygu trwy fanteisio ar ddyheada am fywyd gwell yn ystod ton gyntaf ffeministiaeth. Disgrifiwyd sigaréts fel symbolau o hawliau a chydraddoldeb â dynion. *Bullshit* llwyr ac yn ffordd o roi mwy o orthrwm ar ferched.

10 Chwefror 2020

Cwestiynu bod yn sobor heddiw achos 'mod i wedi lawrlwytho'r ap Hinge. Pwy ydw i rŵan? Dwi'n sylweddoli 'mod i ddim am ffeindio'r math iawn o berson i fi allan yn dre ar nos Sadwrn rŵan. Byd newydd. Lle ma rhywun yn mynd i fflyrtio pan mae'n sobor?

I ddechra, 'nes i gymryd yr opsiwn ar yr ap i ddweud nad ydw i'n yfed. Ond dwi wedi tynnu hwnnw i ffwrdd erbyn hyn oherwydd mae arna i ofn fydd neb isio rhoi *swipe* i mi os dwi ddim yn yfed.

Yn ôl y sôn, mae o'n *dickhead detector* da – y busnas bod yn sobor yma. Os bydd rhywun yn colli diddordeb yn syth ar ôl i ti ddeud wrthyn nhw, ai dyna'r math o berson wyt ti eisiau perthynas ag o? Mi fasa cyfarfod rhywun sydd ddim yn yfed adeg yma'r llynedd wedi bod yn *dealbreaker* i fi.

AM *BORING*! Dwi'm yn trystio pobl sydd ddim yn yfed! yfed!

28 Ionawr 2020

DEUFIS YN SOBOR!

Petha sy'n fy ngneud i'n hapus

1. Rasio pobl / cael cystadleuaeth ddychmygol yn fy mhen efo'r ceir ar yr A470.

2. Gweld ceffylau mewn caeau a gweiddi 'Ji-jis!'

3. *Mattress topper* cynnas bob nos yn y gaeaf (a weithia yn yr haf).

4. Pyjamas, slipars, *dressing gown* a dillad gwely sy'n matsio!

5. Bariau salad a *mochi* siocled.

6. Nofio, yn enwedig yn noeth.

7. Rhoi pum seren ar ddiwedd galwad fideo efo ffrind achos bod yr alwad yn dda, nid achos bod y cysylltiad we yn dda.

8. Yr *escalators* yna sy'n gwneud i chdi gerdded yn gyflym mewn meysydd awyr.

9. Cerdded heibio becws a *launderettes* fwy nag unwaith er mwyn gallu ogleuo bara a dillad glân.

10. Rhedeg yn yr haul, cau fy llygaid am chydig eiliadau a theimlo'r haul yn gynnes ar fy wyneb.

11. Tynnu'r *masking tape* ar ôl peintio.

12. Cael mynd am dro yn y car ac edrych ar dai mawr, del, neis neu gerdded yn y nos ac edrych ar stafelloedd neis drwy ffenestri tai.

13. Cynnig helpu pobl efo prams a chesys.

14. Clywed y Gymraeg yn cael ei siarad mewn llefydd annisgwyl.

15. Gwisgo nicyrs a bra newydd am y tro cyntaf.

25 Ionawr 2020

Mynd am bryd o fwyd Santes Dwynwen hefo fy ffrind. Yn y rhan coctels dialcohol ar y fwydlen ma'n deud, 'For those who aren't in the mood for a party tonight.' Dwi'n cwyno wrth y rheolwr. Dydi'r ffaith 'mod i'n arfer mwynhau dawnsio ar ben byrdda ddim wed newid. Dwi jyst yn llai tebygol o syrthio pan dwi'n ei neud o rŵan.

Dwi hefyd wedi cael llond bol ar gardia cyfarch sy'n deud petha fel, 'I only drink on two occasions – when it's my birthday and when it's not'.

26 Rhagfyr 2019

Heb yfed ers 29 diwrnod. Teimlo'n dda yn gyffredinol ond mae fy nghroen i wedi gwaethygu. Dwi'n deffro am 3 y bore bob nos ond ddim yn cael cymaint o drafferth mynd i gysgu erbyn hyn. Wedi cael ambell hunllef ac yn breuddwydio am betha eitha afiach.

★★★

Does dim mwy o bytia gen i cyn hyn am fod yn sobor. Dwi'n meddwl 'mod i wedi ofni sgwennu am y peth (a deud wrth ormod o bobl) rhag ofn temtio ffawd ar y dechra.

Dwi ddim yn gwybod fydda i'n sobor am byth, ond ar hyn o bryd dwi ddim yn gweld unrhyw reswm pam ddylwn i yfed eto.

Dyma'r PETH ANODDA dwi erioed wedi'i neud. Yn enwedig mewn cymdeithas sydd wedi'i chyflyru i feddwl bod *booze* yn beth mor hanfodol i'n bywyda cymdeithasol ni. Mae o'n anodd bob dydd mewn rhai ffyrdd ond hefyd yn hawdd iawn iawn. Hawdd am fy mod i'n hapus rŵan a do'n i ddim pan o'n i'n yfed.

Ma bywyd yn teimlo mor llawn. Hyd yn oed yn ystod pandemig byd-eang.

Ma gen i gymaint mwy i'w ddeud am y pwnc ond alla i ddim ffitio pob dim i fewn, felly dyma chydig o fy myfyrdodau i dros y chwe mis diwethaf. Ond os ydach chi'n teimlo eich bod chi wedi cael llond bol ar yfed, dyma chydig o ddeunydd dwi'n argymell allai helpu.

Llyfrau
- *The Unexpected Joy of Being Sober* Catherine Gray
- *The Easy Way to Control Alcohol* Allen Carr
- *This Naked Mind* Annie Grace
- *Quit Like a Woman* Holly Whitaker

Podlediadau
- A Sober Girl's Guide
- Home Podcast
- Sober Curious

Instagram
- @SoberParty
- @UnexpectedJoyOf
- @SoberGirlSociety
- @SoberWales

(Ymddangosodd fersiwn o'r ysgrif hon yn Codi Pais*)*